自民党の正体

亡国と欺瞞の伏魔殿

宝島社

はじめに

2024年10月の総選挙で自民党は大敗を喫した。前回選挙から50以上の議席を減らす191議席。公明党との連立でも215議席と過半数に遠く及ばない。

本書校了時点では特別国会における首班指名も行われておらず、石破茂氏が引き続き首相を務めるのかも不確定な状況だ。ともあれ、石破氏が首班指名されたとしても、今後の自民党は野党との連携が必須となり、話し合いや要求に応じざるを得ない状況になったのは確定したと言える。

自民党「1強時代」はついに終焉《しゅうえん》したのである。

長らく国民不在の政治が続いてきたが、ついに有権者の鉄槌《てっつい》が下った形だ。旧安倍派を中心とする派閥のパーティー券裏金問題が予想以上に国民の「反感」を買ったわけだが、これは立憲民主党の戦略が功を奏した部分も大きい。立憲民主党の政策が支持されたというよりも、自民党への批判票が野党第一党に流れただけとみるのが正解だろう。結果、政策は選挙の争点とならず、またもや選挙のための選挙が行われた感は拭《ぬぐ》えないのだが……。

閑話休題。本書は、自民党はいったい誰のために、何のために政治を行ってきたのか、これを探るために編まれたものである。党内の権力構造はどうなっているのか。政策立案の本質は何なのか。自民党という政党の「正体」をできる限り詳《つまび》らかにしたつもりだ。

様々なしがらみがあるのは理解できるのだが、第二次安倍政権以降の自民党政治は、あまりにも国民を舐《な》め切ったものではなかったのか。そして、国民の感覚からは異質に思える思想・信条の政治家が跋扈《ばっこ》していたのではないか。

この30年間、実質賃金は下がり続け、社会保障費の負担は増加傾向にある。給料が増えないうえに、手取りは減り、モノを買えば10％の税金がかかる。国内経済が冷え込むのは当然だが、自民党が国民目線の政策を実現したことはあるだろうか。岸田文雄政権で一人あたり年間4万円の定額減税を始めたが、なぜもっとインパクトの大きい消費税減税をしないのか。なぜできないのか。

今回の総選挙で自民党は負けた。今後、政治を国民に取り戻すためにも、自民党政治を総括するにはいい時期ではないだろうか。生活者が困難な状況になればなるほど、最後は法律の問題、つまり政治にたどり着く。政治が国民のためになされなければ、政治家の存在意義はない。少なくない国民がそれに気づき始めている。

自民党は変われるのか──。政局ばかりの政治に国民は絶望している。石破氏がこの大敗を梃子《てこ》にできるのか。「変人」といわれるベテラン政治家の手腕と度胸が試されている。

宝島社書籍編集部

自由民主党 歴代総裁

	名前	任期
初代	鳩山一郎	1956年4月5日〜12月14日
第2代	石橋湛山	1956年12月14日〜1957年3月21日
第3代	岸 信介	1957年3月21日〜1960年7月14日
第4代	池田勇人	1960年7月14日〜1964年12月1日
第5代	佐藤栄作	1964年12月1日〜1972年7月5日
第6代	田中角栄	1972年7月5日〜1974年12月4日
第7代	三木武夫	1974年12月4日〜1976年12月23日
第8代	福田赳夫	1976年12月23日〜1978年12月1日
第9代	大平正芳	1978年12月1日〜1980年6月12日
第10代	鈴木善幸	1980年6月12日〜1982年11月25日
第11代	中曽根康弘	1982年11月25日〜1987年10月31日
第12代	竹下 登	1987年10月31日〜1989年6月2日
第13代	宇野宗佑	1989年6月2日〜8月8日
第14代	海部俊樹	1989年8月8日〜1991年10月30日
第15代	宮沢喜一	1991年10月31日〜1993年7月30日
第16代	河野洋平	1993年7月30日〜1995年9月30日
第17代	橋本龍太郎	1995年10月1日〜1998年7月24日
第18代	小渕恵三	1998年7月24日〜2000年4月5日
第19代	森 喜朗	2000年4月5日〜2001年4月24日
第20代	小泉純一郎	2001年4月24日〜2006年9月30日
第21代	安倍晋三	2006年10月1日〜2007年9月23日
第22代	福田康夫	2007年9月23日〜2008年9月22日
第23代	麻生太郎	2008年9月22日〜2009年9月30日
第24代	谷垣禎一	2009年10月1日〜2012年9月30日
第25代	安倍晋三	2012年10月1日〜2020年9月14日
第26代	菅 義偉	2020年9月14日〜2021年9月30日
第27代	岸田文雄	2021年10月1日〜2024年9月30日
第28代	石破 茂	2024年10月1日〜

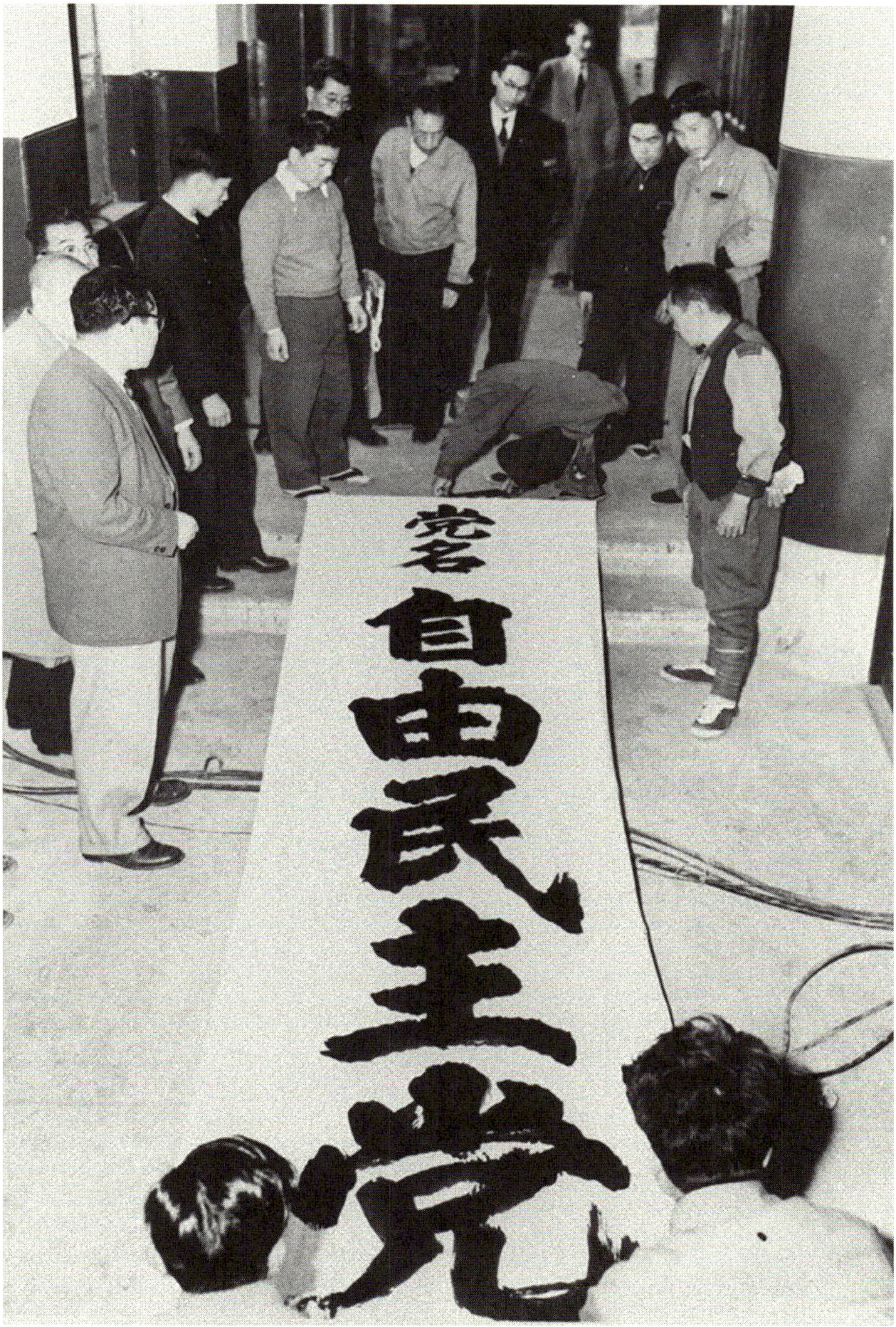

1955年11月15日の結党大会、会場である中央大学講堂で書かれた党名

自民党の正体
亡国と欺瞞の伏魔殿

目次
CONTENTS

はじめに 2

第1章
内幕
党内権力闘争の現在地

「清和会支配」終焉で〝異常な自民党〟から変われるのか？ 古谷経衡 作家・評論家 12

2024自民党総裁選最深層ルポ 「旧派閥」の影響を見せつけた〝適任者〟なき茶番劇の舞台裏 河野嘉誠 『週刊文春』記者 26

高市早苗が「保守の仮面」を被る理由 党内の権力闘争に利用される「日本会議」という〝保守カード〟 窪田順生 ノンフィクションライター 41

第2章

亡国

「国民不在」政治の本質

54 安倍晋三と統一教会をつないだ「有力議員」とはいったい誰なのか？
鈴木エイト ジャーナリスト・作家

71 特別インタビュー 江田憲司 立憲民主党・衆議院議員
自民党と財務省が消費税を絶対に下げない理由
取材・構成 坂田拓也 フリーライター

86 石破首相が改定を示唆「日米地位協定」を支配する〝密約機関〟
吉田敏浩 ジャーナリスト

98 1999年から四半世紀の「盟友」
自公連立政権の「源流」田中角栄と池田大作の蜜月秘話
小川寛大 宗教専門誌『宗教問題』編集長

第3章

利権

迷走する権力の醜態

110
〝取得義務化〟は誰のため？
マイナンバーカード「政官財」癒着の構図
矢野昌弘
『しんぶん赤旗』社会部記者

120
国民の保険料負担が増え続ける理由
日本の医療行政を牛耳る
日本医師会の「首領」と「麻生太郎」
窪田順生
ノンフィクションライター

132
第二次安倍政権以降に130億円が〝消えた〟
〝党利党略〟のために公金を使用!?
官房機密費は自民党の「裏金」か
矢野昌弘
『しんぶん赤旗』社会部記者

144
制度改革の失敗と年金資産のマネーゲーム投入
自民党政権が犯した
「年金政策」2つの大罪
溝上憲文
ジャーナリスト

第4章

狡猾

強きを助け弱きを挫《くじ》く

156 自民党が容認し続けたアメリカによる「食の日本支配」 鈴木宣弘 東京大学大学院特任教授

169 「国鉄労働組合」解体は〝大勲位〟の悲願だった 自民党「一強」の原点 国鉄民営化の目的は「左派殲滅」 古川琢也 ルポライター

182 「木原誠二・元官房副長官」妻の元夫〝怪死事件〟の闇 自民党政権に忖度し尽くす警察庁トップ「腐敗」の連鎖 別冊宝島編集部

194 〝ハト派〟岸田前首相が「防衛費増額」を即決 角栄、中川親子、橋龍の悲惨末期「アメリカには逆らうな」の深層 西本頑司 フリーライター

カバー&本文デザイン
HOLON

本文DTP
一條麻耶子

写真
共同通信イメージズ

編集協力
スノーセブン

第1章

内幕

党内権力闘争の現在地

▼「少数与党」は逆にチャンスかもしれない――!?

「清和会支配」終焉で〝異常な自民党〟から変われるのか？

約20年にわたり自民党を支配してきた旧清和会。世界的に見ても、清和会支配の時代、異常な価値観を持つ議員が政権与党の中に存在したことは間違いない。石破総裁は、「普通」の自民党へと回帰させることができるか。

文＝古谷経衡――作家・評論家

10月の衆院選では大惨敗を喫したが……

2024年の衆議院選挙の争点はきわめてシンプルであった。約20年にわたり自民党を支配してきた旧安倍派（清和会、以下両者を同じ意味として記述する）が壊滅し、自民党内の中で再び保守本流（経世会系）支配が復活するかどうかである。

令和の「角福戦争」

自民党は吉田茂を始祖とする保守本流（吉田学校／吉田自由党）と、鳩山一郎を始祖とする保守傍流（鳩山民主党）の二つから構成され、前者はさらに池田勇人《はやと》を始祖とする宏池会、佐藤栄作・田中角栄・竹下登の流れを組む経世会に分かれ、後者は岸信介など戦前からの支配層の残滓《ざんし》ともいえる清和会（清和政策研究会＝旧安倍派）につながっていく。

2001年に小泉純一郎内閣が登場するまで、保守傍流とされた清和会は非主流派であった。ところが小泉政権でその図式は一変し、大企業や都市部の中産階級に支持され、小さな政府や規制緩和、反共親米を強く打ち出す清和会が圧勝したことから、第二次安倍政権につながる清和会の天下が形成された。

石破茂は田中角栄を師とし、竹下登のもとで働くなど典型的な経世会の流れを組んでいる。農村・地方重視、格差是正やアジア外交を標榜する経世会の遺伝子が、石破の政治思想に濃密に受け継がれている事実は、9月の自民党総裁選で地方の党員から大きな支持を集めた支持者の分布からも伺《うかが》えるだろう。

日本の高度成長期や、1980～90年代の自民党政治（竹下、橋本龍太郎、小渕恵三など）を牛耳った経世会は、常に汚職がつきまとった。ロッキードはもとより、リクルート、佐川急便、日歯連事件など、巨大な金権腐敗の陰にはおよそ経世会が関与していた。だからこそ経世会は、かつて「ダーティなハト派」と呼ばれた。一方、比較的富裕な支持基盤を持つ清和会は「クリーンなタカ派」とされて久しい。

小泉政権における「自民党をぶっ壊す」や「小泉構造改革」とは何であったか？

端的に言えば、経世会を叩き潰すことである。地方の名士に支持され、特定郵便局制度を元に巨大な利権構造を築き上げてきた経世会叩きの先鋒こそが、郵政民営化であった。これに一定程度成功した小泉政権以降、経世会系は零落した。加えて宏池会も「加藤の乱」（２０００年）の失敗で分裂したことにより（一部が現在の麻生派）、急速に保守本流の力が衰え、清和会の台頭を許すことになった。

小泉・安倍以降、自民党の中に右派的・タカ派的な傾向を持つ議員が増殖したのは、ひとえにこうした過去20年余における党内での主流派の交代劇の影響を受けているためである。

巨視的に見ると、石破が総裁になる過程で高市早苗と激しく競ったのは、かつての「角福戦争」の再来と言える。１９７０年代の「角福戦争」を第一次と数えると、小泉の郵政選挙が第二次、そして今次衆院選の12人の小選挙区非公認、34名の比例重複を認められなかった者のほとんどが旧安倍派議員であることから、これは「旧安倍派潰し」だったと考えて相違なく、まさに第三次の「角福戦争」と言い換えることもできる。

「角福戦争」とは、田中角栄と福田赳夫《たけお》が自民党内で覇権を争った１９７０年代の政争を指すが、その根源は台湾問題であった。角栄は佐藤栄作からの容共政策を汲み、大平正芳とともに日中国交回復に尽力したことは有名である。当時の中国は、同じ共産圏の盟主・ソ連と敵対しており（中ソ対立）、「敵の敵は味方」の理屈で角栄は中国との接近を急いだ。当然その場合、台湾（中華民国）とは断交する形になったわけだが、これに対して戦前から蒋介石らと関係が深かった清和会系議員らが猛反発し、清和会の源流とされる福田赳夫と田中角栄の間に〝党内内戦〟が勃発したのである。この延長で、角栄の盟友である大平と福田が対決したのが有名な「四十日抗争」であった。

これを引用して、小泉による「構造改革」と銘打った郵政選挙は「平成の角福戦争」と形容される向きもあった。ならば約20年の時を経て、旧安倍派（清和会）潰しである今次総選挙は、攻め手と守り手が逆転しただけの、「令和の角福戦争」と表現されてもおかしくはない。

石破政権の試金石は来夏の参院選

さて今回、「令和の角福戦争」の結果はどうだったか。議席数では自民党191、公明党24という大敗北で、2009年の衆院選以来、15年ぶりに自公は過半数割れした。いかにも選挙で石破は失敗したのだが、清和会には勝利したと言える。

例えば選挙の結果、衆院旧安倍派は22と議席を減らし、衆院旧派閥では第4位に転落した。総裁選で高市早苗の推薦人になった20名の国会議員のうち11名が衆院議員だったが、そのうち7名が今回の選挙で落選したのである（7名のうちの一人は杉田水脈《みお》だったが、こちらは比例単独出馬が認められず、不出馬だった）。こうして一時期100名以上を数えた安倍派は、名実ともに今次衆院選で非主流派に零落したのである。

結局、自民党単独では公示前から56議席を失ったものの、それ以上に旧安倍派にとっては大敗北であった。石破にとっては、まさしく「肉を切らせて骨を切る」結果だったとも言える。

選挙後、「石破に冷遇された旧安倍派や高市の逆襲が始まる」と一部メディアは嘯《うそぶ》いたが、逆襲しようにも議員の多くが落選しており、高市の支持基盤は相当に低下した。加えて選挙期間中に高市が熱心に応援に入った陣営で、その応援が奏功した当選者は、10数名程度という分析もある。「ポスト石破」の呼び声が高かった高市だが、むしろ総理・総裁の椅子は遠のいたとみるべきであろう。

つまり石破は、「第三次角福戦争（令和の角福戦争）」には勝利したと見做《な》すことができる。

石破政権の今後は、当然少数与党という特殊な立ち位置となり前途多難である。前述したように「ポスト石破」が相対的に沈んだとはいえ、野党との政策協力は必須であり、不安定な政権運営が続くのは必至だ。しかし石破政権にとって「真の総決戦」は今回の衆院選ではない。

2025年夏には参議院通常選挙が待ち構えており、こちらが本丸である。

参院選は1人区と大選挙区、全国比例の組み合わせであり、中間選挙のニュアンスもあって与党に厳しめの結果となるのが教科書的なセオリーである。他方、大きな議席の増減が見られないのも近年の特徴である。

２０２５年参院選は、２０１９年の改選である。自民党は改選57議席からのスタートであり、このときは安倍晋三が首相として最後に迎えた国政選挙だった。負けはしていないものの、勝ったとも言い難い２０１９年参院選を引き継ぐ、２０２５年選挙での目標はどの程度になるか。

２０２２年の参院選（岸田文雄政権）での結果がよかったので、参議院での自公過半数には若干余裕があり、２０２５年参院選では公明党が前回同数と仮定して、自民が10議席減らしても、自公過半数は達成される計算になる。

すると勝敗ラインは自民単独で50前後（下限47程度）くらいということになり、そこまで大きなハードルではない。９月の総裁選で岸田は、決選投票において石破を支持したと伝えられた。はからずも岸田が残した２０２２年参院選での「貯金」が、来年の石破に効いているというのは、なんとも皮肉な「置き土産」となろう。

ただし、参院選の失敗は政権の鬼門である。衆議院がよくても、参議院でつまずくと途端に責任問題となる。例えば橋本龍太郎、第一次安倍の両政権は、参院選の敗北で事実上引責辞任したのである。

しかも石破の場合、衆議院で少数与党なのだから参議院では自公過半数の死守が至上命題である。それができなければ即、辞意表明であろう。衆参両院で政策ごとの部分連立となると与党の存在意義は喪失する。

ただし向こう約1年間、石破が国民民主党や立憲民主党と協調し、例えば選択的夫婦別姓制度や、いわゆる「１０３万円の壁」を撤廃する法案を可決できれば、「むしろ政策連立のほうが自民単独よりもよかった」という審判となり、参院でも仮に政策連立となっても続投という芽もある。

すべては石破次第だろう。

旧安倍派議員とネット右翼

今次の衆院選で旧安倍派の議員が続々と落選したのは前述のとおりであるが、とはいえその中枢はしぶとく生き残っている。高市や小林鷹之、萩生田《はぎうだ》光一、西村康稔（萩生田と西村は無所属当選で自民会派入り）らは衆院選を乗り切ったが、その他の右派系議員の多く――つまり、ネット右翼に支持される少なくない政治家――は参議院議員であることである。

例えば、青山繁晴、小野田紀美、片山さつき、山田宏、和田政宗などといった議員は先の総裁選で高市の推薦人となった者も多く、全員が参院選出である。とりわけ参院全国比例から当選している者が多い。だから、衆院旧安倍派は痛打をこうむったが、他方参院の旧安倍派系は無傷で温存されており、心臓部はむしろそちらにあるのではないかということだ。

この理由は選挙制度の構造からくるものである。ネット右翼は、筆者の調査では全国に少なくとも200万～250万人（有権者の約2％）存在している。その多くが都市部に集積しているが、小選挙区では有権者数が20万～50万人の母数となり、1区ごとに影響を及ぼすのは投票率を加味すると、せいぜい数千票程度になる。大接戦ではその限りではないが、小選挙区の帰趨《すう》《き》を決するほどの力をネット右翼が持っているわけではない。

その証拠に今次衆院選では、まさにネット右翼から大きく支持された日本保守党が河村たかしの小選挙区で1議席を獲得したが、それは河村の名古屋市長としての知名度に過ぎず、その他の小選挙区ではすべて落としている。同党はそれ以外に比例ブロック（近畿、東海）で計2議席を獲得したが、有権者の2％程度のネット右翼は投票率が高く、全体投票率が50％強しかなければ、単純計算で投票数に現れるのは3％台～4％未満である。日本保守党の比例得票合計は約114万票で、有効票の約2・11％となり国政政党に昇格した。この数字はすべて、私による「ネット右翼2％説」を裏付けるものである。

つまり全国の都市部に遍在するネット右翼の「本当の実力」が発揮されるのは、小選挙区ではなく比例区となる。衆院選の比例ブロックは地域ごとの区分けで、しかも政党名式である一方、参院選は全国比例の個人記名式を採用しているので、参院選比例こそネット右翼のまとまった集票力が発揮できる独壇場になる。

つまり、ネット右翼などに大きく支持される旧安倍派議員は、このような選挙システムの都合上、参院選全国比例からの選出が必然的に多くなるわけだ。

また、今次の衆院選で福井1区から当選した自民党の稲田朋美がそうであったように、初めネット右翼から期待され寵児《ちょうじ》となったのに、LGBTQへの寛容姿勢など進歩的な政治姿勢に転換していった事例は、本人の思想転換というよりも衆院選の小選挙区制度の事情ということもある。

20〜50万人で構成される小選挙区は、地方議会と区割りが重複している場合もあり、いわば「街の生活者の目線」が要求される。歴史修正主義や反中など、突拍子もない天下国家論は、小選挙区の有権者には受けない。

だから小選挙区で勝ち上がってきた衆院議員の多くは、一部を除けばその政治姿勢は「中庸」に調整されるきらいがある。しかし「街の生活者の目線」を気にする必要がなく、全国に天下国家論をぶつことで個人票が入る参院全国比例候補は、ネット世論と相性がよく、畢竟《ひっきょう》ネット右翼とも相性がよくなり右傾化し、いつしか安倍派の土台の一部を形成するに至った。

来夏の参院選では、参院自民党に大量に残った旧安倍派の「残党狩り」が始まるのかと思うところだが、そう単純ではない。参議院は定数が衆議院より少なく、1議席の重みが相対的に大きい。だからこそ来夏の参院選こそが石破にとっての「本丸」であり、「総決戦」なのだ。裏金議員だからといって、簡単に非公認とすれば予想外の敗北に直結しかねない。

この事情を慮《おもんぱか》って、郵政選挙で自民党を離党した参議院議員らを復党させたのが第一次安倍政権（2006年）だったが、有権者には「小泉改革の後退」と映ったのか、直後の参院選の結果は惨敗に終わった。

石破が参院選でも裏金議員の処置を適切にできるのかは、議席数の問題もあり微妙かもしれない。まして今回の衆院選終盤で「しんぶん赤旗」に暴露された党支部への2000万円支給問題などを繰り返せば、また裏公認との誹《そし》りを受けよう。ともあれそのような背景を見越して、今次衆院選で不出馬を表明して一旦下野した杉田水脈が、来夏の参院選出馬に意欲を燃やしているのである。

石破にとっては、大量の旧安倍派議員が残存する参院での選挙をどう制御し、自公で参議院過半数を死守するのかが、政権が長期になるか否かを占う最大の難関と言える。参議院でも旧安倍派議員の多くを完全な非公認とし、小泉に倣って刺客などを立てれば、「大坂夏の陣」よろしく旧安倍派―清和会は完全な落日を迎えよう。

ネット右翼の精神性

では旧安倍派議員の支持基盤となっているネット右翼の動向は今後どう変わるのか。

ネット右翼界隈は岸田政権下で成立したLGBT理解増進法を「反日・売国の悪法」と糾弾しており、爾《じ》来《らい》、岸田政権を呪詛《じゅそ》し続けてきた。表面上はこの法律が成立したことを奇貨として、百田尚樹らが率いる日本保守党が誕生したのである。

9月の総裁選で石破が高市に競り勝つはるか前から、彼らは石破を「安倍晋三の敵」と見做して徹底して攻撃の対象としてきた。

事実、2012年の自民党総裁選では安倍vs石破の戦いが行われたし、2018年の総裁選でも安倍との一騎打ちを石破が演じた。清和会の天下であった第二次安倍政権下において、たしかに石破は「党内野党」と言わしめられたが、一方で自民党幹事長として君臨(2012―14)し、初期の第二次安倍政権を支えたことも事実である。

だがそのような事実をネット右翼は加味することなく、石破政権になった現在でも『Will』『Hanada』の二大保守系雑誌とその周辺に集積するネッ

ネット右翼から「安倍晋三の敵」と見做されてきた石破氏だが、安倍政権を幹事長として支えたことも

ト右翼論客のほとんどは、石破への執拗な攻撃の手を緩めていない。外交安全保障だけをみれば、日米地位協定の改定やアジア版NATO構想、米領グアムへの自衛隊基地建設など、高市よりよほどタカ派的に思える石破の政治思想は（もっとも、衆院選の敗北で石破のタカ派色はより一層、鳴りを潜めざるを得ないだろうが）、ネット右翼には関係がない。

ネット右翼が安倍や高市ら清和会系議員を支持するのは一種の「ファン贔屓《びいき》」だからである。

これはいったんファンになったアーティストやアイドルを、どんなことがあっても応援し続け、貴重な私財と時間を惜しげもなく投入し続けるコアなオタクときわめて似ている。だから実際の安保政策を比較検討するという発想が彼らにはなく、ファンになった政治家にとことんついていく世界観の中で、それと対立した石破は彼らの中で永遠の敵であり続けるのだ。

前述したように、こうしたネット右翼が少なくとも衆院小選挙区に与える影響は軽微であり、また高齢化したネット右翼層が今後、激増するという状況にもない。彼らの実数はミニ政党1個分程度と考えればよい（実際に日本保守党は3議席であった）が、世論に与える影響は侮れない。

「ネトウヨの声」がメディアを動かす

ネット世論は、四六時中書き込みをする上位数%のアクティブユーザーに牽引されている。これは多くの調査会社が、各種のSNS利用動向などを調査した結果、明らかになった事実である。仕事や育児に忙しい市井の人々は、ネットから情報を得ることはするが、そこに熱心な投稿をするほど暇があるわけではない。「ネットの声」は常に少数者によってつくられている。

だがネット時代の宿命とは、このようなごくわずかのアクティブユーザーが先導者になって、その周辺にまで「空気感」を伝播《でんぱ》する力を持っていることである。とりわけ大メディアは、いまやネットの声を鋭敏に気にしている。いわゆる「炎上」への過敏な反応がそれである。

大メディアの制作人の多くは「ノンポリ」である。そして、番組制作に忙殺されて、その情報収取能力が追いついていない。現在の大メディアが番組構成の参考にするのは雑誌ではなくネットのアクセス数であり、その結末がユーチューバーの地上波への積極起用による陳腐でお粗末な番組の粗製乱造である。

とくにテレビの広告収入が振るわず厳しい経営を迫られるなか、現場は人員や予算が削減され、大メディアの制作人が一番恐れるのは「炎上」になった。芸能人の醜態による炎上はともかくとしても、ネット右翼による局への大量抗議は、疲弊した現場制作人のキャパシティを麻痺させ、防御的な発想しかできないメディア人をさらに委縮させ続けている。

このような現状のなか、ネット右翼からの攻撃を恐れて大メディアのコメンテーターは政権批判を躊躇し、また「ネットの声に迎合する（かに思える）」コメンテーターを起用する方針を強めている。

大海の一滴に過ぎないネット右翼は、このような「ネットの声」というまるで梃子の原理を用いて、とりわけ第二次安倍政権下で間接的に大メディアの番組構成に影響を与え続けてきた。むしろネット右翼最大の弊害は、その投票行動ではなく、小さな力によって大メディアを委縮させ続け、政権への微温支持に舵《かじ》を切らせたことにこそあろう。

今後の石破政権下では、当然ネット右翼は石破批判の手を緩めず、その支持の中核は日本保守党になろう。メディア人に一度染みついた「ネットの声」への恐怖は、彼らをしてネット右翼を刺激しない方向に強く作用するであろう。

もはや国政政党となった日本保守党に対しては、腫れ物に触るような扱いになるはずだ。彼らがどんなに歴史修正主義を言い放っても、それを掣肘《せいちゅう》する番組構成にはなるまい。

しかし、繰り返すようにメディア人は原則ノンポリなので石破政権が来夏参院選を乗り切って、少なくとも3～4年以上の長期政権を運営すれば、またぞろ「長い物には巻かれろ」という安易な姿勢により、石破の御用聞きのようなコメンテーターを増産させるだろう。

そして機を見るに敏なメディアのキャスティング担当者は、公示前から議席数を4倍増して躍進した国民民主党と玉木雄一郎を称揚するのは目に見えている。出口調査で若年層からの支持を得た国民民主党は、テレビ局が最も欲しい「M1（20～34歳の男性）、F1（20～34歳の女性）」の視聴層に訴求するからだ。玉木ヨイショのコメンテーターの登場は、火を見るより明らかである。

要するに石破にとっての難関は、参院選を経た結果、低空飛行なりに政権の長命を維持できるかの一点であり、単にメディア人はそこに付和雷同するだけである。

よって石破政権が致命的に傾けば、ネット右翼を刺激しない方向により強く、かつその影響を受けた周辺が留飲を下げるように、しかし「ネット右翼番組」とレッテル張りをされない範囲内で、石破への攻撃の戦列に加わることは容易に想像される。

メディア人としての良識はもはや希薄で、「ネットの声」に恐れおののきながら台本をつくっている少なくない人々の卑小さは、嘆かわしいが事実である。

一方、この業界にも良心の人は依然として存在していることは付記されるべきだろう。彼らは「ネットの声」というマイノリティによって大メディアが委縮し、歪《いびつ》で窮屈な番組構成になり下がったことを自覚しているがゆえに、概《おおむ》ねその対抗として石破政権が少数与党となった現在でも親和的である。だがそれを大々的に言うことを憚《はばか》っている。

メディアの世界でも彼ら良心の人が主流派に返り咲くことを期待したい。

石破政権にとっての潜在的危険因子

今次の衆院選は、第三次角福戦争による経世会の勝利という意味で歴史的であった。

だが、自民党全体が単独過半数をはるかに下回る意味でシュリンク（縮小）したこともまた事実である。長期的な視点に立つと、来夏参院選の次は２０２８年夏の参院選である。経験則で言えば、２０２７〜28年に衆議院の解散総選挙が行われよう。石破が負けたからといって、間髪を入れずに再度の総裁選と衆院解散の実行は、公明党の支持母体の高齢化を考えても不可能と思われるからだ。

衰えたとはいえ、残った清和会系の主力は参議院を牙城にしているとは既に述べた。永田町の明日を、しかも長期のスパンで予測することはできないものの、仮にひと政局あって高市が復権し、高市政権が誕生する可能性も否定できない。超タカ派、ネット右翼礼賛の第二次安倍政権を超える清和会系の復権が、またぞろ足元に忍び寄っているとも言える。

自民党の党員は、２００９年〜12年の民主党政権による野党期で60数万人まで減少した。それが第二次安倍政権を通じて復調し、２０２４年現在は約１１０万人程度といわれる。要するにここ10年強で50万人が新たな自民党員になったわけだ。自民党は毎年、党員獲得上位の議員を公表しているが、その上位は青山繁晴、高市早苗、片山さつき、杉田水脈などのネット右翼に好まれる議員がずらりと並んでいる。

雑駁《ざっぱく》な計算では、この増えた50万人のうち、半数か若《も》しくはそれ以上がネット右翼的な傾向を持つ党員であろう。9月の総裁選で高市が党員・党友票で109票と、石破の108票を上回ったのは、このような背景がある。さすれば、有権者全体でみれば数％のマイノリティに過ぎないネット右翼は、自民党総裁選においては党員票に対し数割（おそらく3割前後）もの力を持っている大きな勢力となる。

今後の総裁選は、ネット右翼の声を黙殺することができない情勢になる。そのたびに一旦沈降したかに見える高市待望論は「いつでも」再沸騰し、石破政権を内部から食い破る潜在因子となり得る。ただしその場合でも少数与党の枠組みは変わらないので、再沸騰の可能性は先述のとおり、高いわけではない。だが当然ゼロとは言えない。退潮したとはいえ、あえて「ポスト石破」を挙げるとすれば、2024年の段階では、いまだ高市であろう。

たとえこれまでネット右翼を勧誘してきたこれらの議員が下野しても、一度党員になった者は党員費を遅滞なく収め続ければ総裁選での有権者となり続けるのだ。議員は時の運によって消える運命だが、党員はそう簡単に消えない。

「20世紀の自民党」に回帰できるか

石破にとっての潜在的危険因子とは、すでに自民党の奥深くに入り込んだネット右翼という数十万人の党員にほかならないのである。

石破は、かつての自民党の政治家と比較すればごく普通の印象を受ける。基本的人権を護持し、地方と都市との経済格差を是正し、日米同盟を重視しつつも自主防衛に軸足を向ける――。佐藤栄作も、田中角栄も、三木武夫も、大平正芳も、宮沢喜一も、中曽根康弘であっても、「普通」の自民党宰相であればそんな感覚を政治家心情の根幹に据えるのは常識であった。

ところが清和会の一極支配が続いた過去20余年で、そんな普通や常識が通用しなくなった。

フランス革命を嚆矢《こうし》とした近代思想の根幹にある「天賦人権」を平気で否定する自民党議員。男女同権は妄想であり、性的少数者やアイヌ民族などのマイノリティは特権を貪《むさぼ》っていると平然と言い放つ自民党議員。世界的に見ても、清和会支配の時代、異常な価値観を持つ議員が政権与党の中に存在したことは、国辱である。

石破は何か特別な才能を持っているわけではない。かつて、少なくとも20世紀までの自民党議員の中にごく普通にあった「良心」を保有しているだけだ。石破以外の議員の多くが、あまりに劣化し、あまりに異形の者として増長したから、相対的に石破がよく見えるだけに過ぎない。

今回の衆院選にあって、石破による清和会の駆逐は、そうした20世紀の自民党に帰ることを意味する。これは懐古主義ではない。「常識」「良心」「通念」は人間世界の根幹である。それが消し去られれば、異形の、声の大きい者だけが我が者顔でのさばり、良心を持つ声の小さき者たちは、世界の片隅に追いやられて迫害されよう。そのような暗黒時代を断固として招来させてはならない。

清和会時代に存在感を大きくしたネット右翼は、暗黒への道案内人である。暗闇が深く広がる前に、痛打を与えることは人倫の道だと筆者は思う。

少数与党となった石破自民は、「野党との協力がなければ何もできない」という逆境を逆手に取り、これまで旧安倍派議員が金科玉条のごとく反対してきた選択的夫婦別姓やＬＧＢＴＱの同性婚に関する法整備について、党内における右派勢力を封印できる手段を手に入れたと解釈することもできる。

数のうえでも議会運営のうえでも、主導権を握るのは国民民主党や立憲民主党だからだ。政策連立（パーシャル連合）は、かえって石破にとっては本領発揮の余地が残されていると言える。だが「ごく普通」の政治家に、そのような逆転の奇策が実行できるか――。すべては石破の双肩にかかっている。（本文中敬称略）

▼2024自民党総裁選 最深層ルポ

「旧派閥」の影響を見せつけた
〝適任者〟なき茶番劇の舞台裏

〝脱派閥〟を掲げ、過去最多9人の候補者で争った総裁選。本命不在といわれた大混戦の舞台裏で何が起きていたのか。『週刊文春』記者が見たキングメーカーの座を巡る権謀術数——。

文＝河野嘉誠
『週刊文春』記者

２０２４年自民党総裁選投開票日の前夜、９月26日23時過ぎに私の携帯電話が鳴った。スマホのディスプレイに表示されたのは自民党の閣僚経験者の名前。総裁選政局が風雲急を告げていた。私は赤坂の飲食店で知人と情報交換をしていたところだったが、急いで席を外し電話に出た。

国民的人気を誇る小泉進次郎氏は、一時は当確間違いなしとみられていた。しかし、総裁選の論戦で拙《つたな》さが露呈し、失速。日本テレビの調査などでは、小泉氏の党員票の伸びが鈍く、石破茂氏や高市早苗氏の後塵《こうじん》を拝していた。

それでも電話口の閣僚経験者は、電話口で自信たっ

麻生氏と対立するとされる菅氏

自民党総裁選の結果

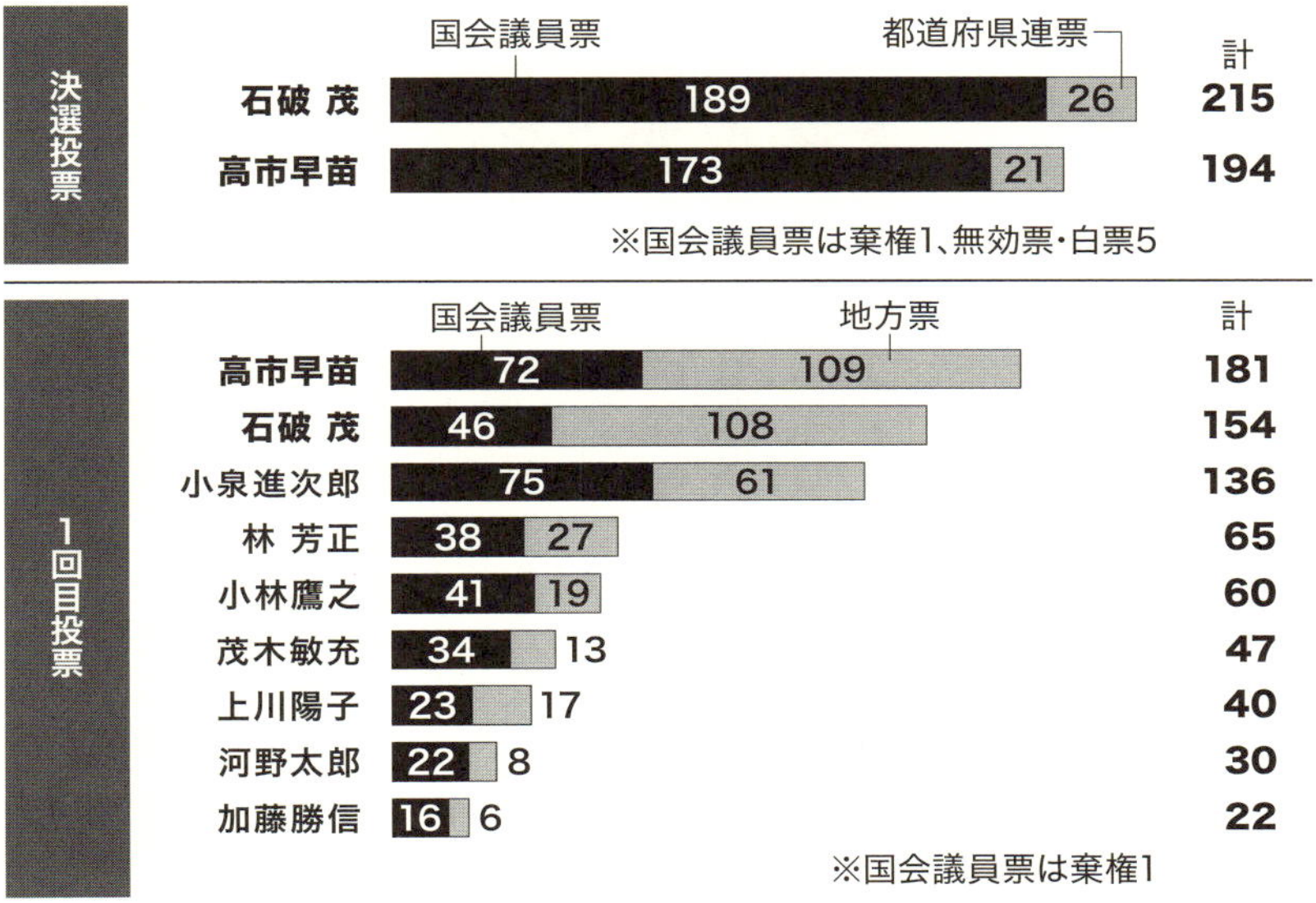

ぷりにこう語った。

「圧倒的な議員票が集まる。明日は進次郎だよ」

今振り返れば、政局通として知られるこの議員でさえ、総裁選の結末は最後まで読み切れていなかったということになる。

それは9人という過去最多の候補者が出揃いながら、最後まで〝本命不在〟の混戦だったということの裏返しとも言えよう。

今回の総裁選は派閥を巡る裏金事件を受け、〝脱派閥〟が掲げられてもいた。これまでは各派閥1人の総裁候補が原則だっただけに、9人の候補者が出馬にこぎつけ、論戦が活発化されたことは麻生派以外の派閥が解体されたことの好影響と言えるかもしれない。

しかし、いざ総裁選の投票日となった時、私たちは旧派閥の影響力をまざまざと見せつけられた。

結局のところ、自民党は何が変わり、何が変わらなかったのか？ 永田町を取材する記者の視点で改めて振り返ってみたい。

コバホーク↓進次郎↓石破・高市

まず、私が7月末から『週刊文春』で執筆してきた主な記事のタイトルを振り返ると、今回の総裁選の流れがおぼろげながら見えてくるはずだ。

（1）「自民党総裁選に新世代が参戦！『菅義偉軍団頼み』小泉進次郎（43）VS『後見人は口利き男』小林鷹之（49）」（『週刊文春』8月1日発売号）

（2）「高市早苗（63）がコバホークに〝安倍〟を奪われた《墓参計画は台風で中止、昭恵夫人も…》」（同9月5日発売号）

（3）「小泉進次郎『あの人は斜めからの評論ばかり』vs石破茂『立憲・野田には俺だよ』《自民党総裁選コンフィデンシャル》」（同9月12日発売号）

（4）「小泉進次郎（43）大いなる誤算《純一郎は小誌に「まだ早い」小渕優子「何なのっ！」激怒》」（同9月19日発売号）

タイトルを眺めるだけでも、小林氏の出現、そして進次郎氏が本命になったものの失速し、石破・高市氏が浮上していった今回の総裁選の流れが見えてくるのではないだろうか。

7月末、裏金事件などの余波を受け、岸田政権の支持率は低迷していたが、岸田文雄氏はまだ総裁選対応を明言していなかった。そんななかで、総裁候補への意欲をいち早く明言したのが、小林鷹之氏だった。

財務官僚出身の小林氏は49歳。旧二階派出身。２０２２年の第二次岸田内閣では目玉ポストであった経済安保相を務め、当選4回ながら永田町では知る人ぞ知る〝将来の首相候補〟だった。しかし、一般的には無名で、総裁選候補になるには経験不足でもある。そんな小林氏が、7月1日発売の月刊誌『正論』で「首相を目指す」とぶち上げたのだった。

小林氏を担いでいたのは、福田達夫氏、武部新氏、鈴木英敬氏、塩崎彰久氏といった将来が有望視される旧安倍派や旧二階派などの若手議員グループ。小林氏は政策通であると同時に東大ボート部でキャプテンを務めるなどリーダーシップに長《た》けるとされる。

「小林さんは財務省時代の日本大使館出向時には、アメリカの財務当局ともやりあっていた。国際経験も豊富で、議員になってからも経済安全保障や宇宙政策など新しい分野を開拓してきた。新時代のリーダーにふさわしいと、福田さんなど4期生たちが勝手連的に準備をし始め、自分にも声がかかった」（小林氏を支援していた若手議員）

一方で別の小林氏側近は「当初は、進次郎さんは総裁選に出ないとだとみんな思っていた」と打ち明ける。

「そうなると、石破vs高市という構図になる。裏金事件で自民党に刷新感が求められるなかで、これはまずいという危機感を若手が持ち、小林さんを応援することになった」

後見人に〝口利き男〟こと甘利明元幹事長がいたことで不安視された面もあったが、小林氏は支持を伸ばし、50票ほどの議員票を集めるとの見方も出ていた。

菅が狙った「麻生・茂木支配」打破

最終的に総裁となった石破氏と一時は本命視された進次郎氏は、ある意味で「セット」だった。どちらも最終的に菅義偉《よしひで》元首相を中心としたグループの支援を受けたからだ。

今回の総裁選において菅氏は間違いなくキーマンの一人だった。さらには、石破氏は女系天皇、進次郎氏は選択的夫婦別姓に言及するなど、自民党内ではともにリベラルな政治家とみられていた。

「菅さんの問題意識は、岸田政権でずっと主流派にいた麻生太郎氏と茂木《もてぎ》敏充氏の支配を変えることだった。その意味で、世論調査で長らく次期首相候補ナンバーワンだった石破さんのことは気にしていた。裏金問題以降、『石破さんが総裁選に出られなきゃ仕方ないぞ』と言っていた。しかし、5月頃から『進次郎もいい』と言い出した。石破さんだと今までの自民党というイメージから脱却できない。より刷新感が求められていると感じたのでしょう」（菅氏側近）

しかし6月以降、岸田政権の支持率低迷が続くなかでも、進次郎氏は目立った動きは見せず、石破氏も煮え切らない状況が続いた。

そんななかで開かれたのが、7月1日、ANAインターコンチネンタルホテル東京の高級中華料理店「花梨」で行われた会食だった。出席者は石破氏、菅氏、そして二階派前事務局長の武田良太氏だった。

「この日の会食は石破氏が『菅さんに会いたい』と言い出し、武田氏が間に入ってセッティングしたものでした。菅、武田両氏は当然、総裁選における支援要請があるものと思っていたが、石破氏は政策論を語るばかり。会計は菅氏が持ったということです。菅氏は会食後『何もなかったな』と周囲に淡々と漏らしていました」(菅氏周辺)

石破氏の動向を気にしていた菅氏だったが、この会食が大きな要因の一つとなり、最終的に進次郎氏擁立に傾いたとされる。事実、進次郎氏はこの会食の直後、総裁選対本部長を務めた小倉将信元子ども担当相らと、総裁選に向けたSNSのシークレットグループを立ち上げている。

「あそこで石破氏が菅氏をしっかりグリップしていれば、進次郎氏はもちろん、河野(太郎)氏も出馬できず、候補者も乱立することはなかった」(菅氏側近)

実は石破氏は人知れず悩んでいた。遠藤利明元五輪相は、私の取材に次のように明かしていた。

「岸田さんは昨年(2023年)の内閣改造・党役員人事で『(幹事長などの要職に)石破さんを』という思いがあった。でもなかなか麻生さんが賛成しない。今夏にかけて再び(首相に石破さんの起用を)薦めたが、難しかった。石破さんがずっと岸田さんの悪口も言わず、(総裁選への)態度を明確にしてこなかったのは、そのせいもあったんです」

石破茂の変人伝説

石破氏は当選12回(当時)。党内ではもはや長老格だ。これまで4回総裁選にチャレンジしたが、高い国民的人気で地方票は数多く獲得するものの、それと裏腹に国会議員票が伸びない。2020年の総裁選で最下位に沈み、2021年の総裁選では進次郎氏とともに「小石河連合」と称し、河野太郎氏の支援に回った。一度は〝終わった政治家〟となってしまっていた。

議員の間で人気がない理由は大きく二つ。一つは面倒見の悪さ。石破氏自身は酒豪で、マスコミ関係者やリベラル系学者などとの会合に呼ばれれば気さくに出席するが、子分をつくるために若手議員を飲みに連れ歩き、おごるといった文化が乏しい。「石破さんはケチで後輩議員との酒席でも平気でおごられてきた」との声も出ていた。

ある閣僚経験者は石破氏を評して「宿舎の駐車場で車の中で本を読んでいるらしい。変わり者だよな」と語る。石破氏も周辺に「昔は加藤紘一さんがいたが、今や国会図書館で勉強しているのは私だけ」と〝勉強家〟であることを誇りにしている節がある。マスコミの取材には時間の許す限り丁寧に応じ、決して人間嫌いというわけでもないのだが、気が回らない。

石破氏自身は「俺にはカネがないから」と周囲に語り、実際に政治資金パーティーに熱心ではない。若い頃に父親の土地相続などで苦労した経験もある。金銭感覚が比較的質素で堅実な面もあるのだろう。

もう一つが、「後ろから鉄砲を撃つ」という評価が定着してしまったこと。阿《おもね》らず、正論を吐くことをモットーにしている石破氏は、麻生政権で閣僚ながら「麻生下ろし」を公然と仕掛け、安倍政権下でも時に政権批判と受け取られかねない言動を繰り広げてきた。

長らく主流派にいなかったことで、自身に近い議員へポストを配分することもできなかった。水月会（石破派）は退会者が相次ぎ、2021年に派閥存続を断念し、勉強会グループに移行した。

勉強会であるという自負のためか、周囲の意見を募るということもほとんどない。「仲間がいない」という弱点は今なお克服できておらず、総裁選でも有利な戦いができる保障はまったくなかった。

「進次郎に総理ができるのか」

こうしたなか、岸田氏には2023年来「岸田―石破」の二枚看板で衆院選を乗り切りたいという考えがあったとされる。岸田氏の誘いに乗り、ポストをもらって政権をサポートしたほうがいいのではないか。その考えが石破氏の頭にもあった。実際、総裁選が近づくなか、「ポストを受けないといけないかと思ったよ。俺に選挙を仕切らせたら負けない」と語っていた。つまりは選挙を統括する幹事長なら受ける用意があったのだ。

そのため、遠藤氏が言うように真正面からの岸田批判を避け、「何でも岸田さんが悪いというのはフェアじゃない」と語るなど、煮え切らない態度を取り続けてきたのだった。

石破氏自身、7月末には私の取材にこう答えていた。「対立のための対立軸をつくるつもりはない。俺はつとめて岸田さんを擁護してきたつもりだ」

フェーズが変わったのは、8月14日の岸田氏の総裁選不出馬表明だった。

「自民党が変わることを示す最もわかりやすい最初の一歩は私が身を引くことだ」

首相官邸で行われた記者会見で、岸田氏は裏金事件を念頭にこう語り、閣僚にも「気兼ねなく出馬を」と呼びかけた。岸田氏は周辺に「無理すれば総裁選は乗り切れるかもしれないが、その後の衆院選では私では勝てない」と漏らしたという。一挙に総裁選ムードが高まった。

8月中旬には、進次郎氏も出馬する見込みが立った。圧倒的な国民的人気を背景に、菅氏はもちろん、政界引退後も〝安倍派のドン〟として君臨する森喜朗元首相も周辺に進次郎支持を呼びかけていた。党内でも「衆院選を乗り切れるのは進次郎氏」（若手）、「進次郎氏は石破と違って、素直でいい」（ベテラン）との声が上がっていた。

選挙の顔になり、長老たちも御しやすい進次郎氏は、圧倒的な議員票の獲得が見込まれ、本命間違いなしとみられた。

一方の石破氏は5回目の総裁選ながら推薦人集めにも苦労していた。それでも、8月下旬の親しい仲間との会合ではこんな本音も漏らしていた。

「進次郎に総理ができるのか。立憲の代表選では、野

「解雇規制の緩和」発言で失速した小泉進次郎氏

田佳彦が上がってくる。私は彼とは親しいが、弁が立つ。彼と対峙できるのは俺だけだ」

また、同じく総裁候補で安倍晋三元首相の後継者的な立ち位置を取る高市氏については、こう話していた。

「高市さんとは組めない。俺は右翼が嫌いだから」

さらに小林陣営についていては、「少年探偵団だ」とどこか軽くみていた。

とはいえ一度は終わった政治家とされた石破氏。本人も「最後のチャンス」と言うだけあって、自己変革に取り組んでいたのも事実。この日の会合では、「ケチ批判」を気にしてか、気前よく、ふぐをご馳走して帰っていった。同席したベテラン議員は「お中元も返さない奴なのに、これは長い付き合いで初めてのこと。今回は本気だ」と喜んだ。

総裁選が近づくにつれ、政策面でも、あえて「石破節」を抑えた面がある。

「これまで口を開けばアベノミクス批判という感じだったが、それも抑えた。そのぶん〝ブレ〟も目立った。金融所得課税を口にしたと思ったら、一転してとりやめたり、裏金議員の再処分に踏み込んだと思ったら、それも事実上撤回したりした。総裁選期間中、持論の『防災庁』設置は熱心に語っていたが、耳目を集めるような発言はかなりセーブしていた。なるべく幅広い支持を得ようと、慎重になった」（全国紙政治部記者）

進次郎を支えた二階派前事務局長

一方、飛ぶ鳥を落とす勢いだった進次郎氏。しかし、9月6日の出馬会見でいきなりつまずいてしまった。

「長年議論ばかり続け、答えを出していない課題に決着をつけたい。古い自民党と決別する」

そう力説する姿は、たしかに迫力があった。しかし、冷静に政策の中身を検証してみると、危うさを孕《はら》んだものばかりだった。

「労働市場の流動化を促進するための解雇規制の緩和やライドシェア全面解禁、そして選択的夫婦別姓などを1年以内に実現するとぶち上げた。しかし、解雇規制の緩和を巡っては、安易な解雇を促進するのではないかとの懸念が広がり大きな批判を招いた。ライドシェア全面解禁も、いま急いでやる看板政策なのかと党内でも疑問の声が上がった。さらには、選択的夫婦別姓については自民党員の岩盤保守層の離反を招いた」（自民党関係者）

ある自民党の閣僚経験者は進次郎氏の言動を「かっこいいことを言おうとして、自分を追い詰めてしまった。しかも、ある意味ではポピュリズムで、これがウケると思ったのだろうが、全然ズレていた」と指摘する。

振り返ってみると、進次郎氏が今回の総裁選で輝いていたのは、出馬会見までだったといえる。その後、総裁選で各候補者との討論会が本格化すると、拉致問題の打開策を聞かれているのに「私と金正恩《キムジョンウン》総書記は同世代」などと、トンチンカンな答えに終始。看板政策だったはずの解雇規制の緩和についても、当初は「人員整理が認められにくい現状を変える」と威勢よく言っていたのが一転して、「解雇をしやすい制度をつくるというのはまったく違う」と釈明に追われていた。

「自民党党員も『これはダメだ』と思ったのでしょう。総裁選終盤になると、日本テレビの党員調査などで、進次郎氏は石破氏や高市氏にダブルスコア近い差をつけられ、後塵を拝すようになった。石破氏は派手な動きはしていなかったが、安定飛行を心がけたことが功を奏した。とはいえ、党員には支持されなくも、衆院選で無党派層にウケるのは進次郎氏だという見方も根強く、議員票は依然として進次郎氏が圧倒的という見方でした」（自民党関係者）

総裁選のキーマンである菅氏は自ら小林陣営の若手議員に電話をかけ、「進次郎をやってくれ」と〝引き剥がし〟をしていたという。ただ、進次郎氏と石破氏を支えていた実力者は、菅氏や森氏だけではなかった。

「二階派前事務局長の武田良太氏です。武田氏は菅政権で総務相を務め菅氏と近しい。さらに政界引退する二階氏に代わり、今なお約40人の旧二階派の多数をまとめる立場とされる。進次郎氏支援に力を入れると同時に、推薦人集めに苦しんでいた石破氏にも人員を貸していた。早くから、決選投票でどう票をまとめるかという観点で動いてもいました。裏金事件で役職停止処分になりながらも、陰の実力者として存在感を見せた。武田氏自身は最後まで誰を支持するかを名言せず、キングメーカーの一人となることを狙っていた」（前出・自民党関係者）

〝岩盤保守層のアイドル〟本当の評判

進次郎氏の大失速と反比例するように、党員支持を拡げたのが高市早苗氏だ。前回総裁選では安倍氏がバックにつき高市氏を擁立。安倍氏には、自民党の岩盤保守層の支持を集めると同時に、当時勢いのあった河野太郎氏の党員票を割る狙いがあったという。

「結果として、前回総裁選の第1回投票で、高市氏は議員票では岸田氏に次ぐ2位を獲得しました」（前出・政治部記者）

その後もいわば安倍氏の遺志を継ぐ後継として、岸田政権で経済安保相を務めながら、総裁への意欲を隠さないできた。

「ただ、勉強熱心なものの、安倍政権下の総務相時代に内部文書を『ねつ造』と頑《かたく》なに主張するなどエキセントリックな性格。付き合いと面倒見の悪さも指摘されてきた。前回総裁選後も支援してくれた議員へのお礼やケアが乏しかった。総裁選期間中も、推薦人に裏金議員が多いことを問われて、『スタッフに任せていたので、私は当日までどなたが推薦人になるか知らなかった』などと無責任な言動も目立ちました」（同前）

人望のなさから、今回の推薦人集めには相当苦労していた。高市氏が顧問を務める「保守団結の会」も、当初はこぞって高市氏を応援するムードではなかった。高市氏を支援する旧安倍派の中堅議員はこう語っていた。

「石破、進次郎のリベラル路線ではめちゃくちゃになる。好き嫌いとか損得じゃなくて、高市しかない。だが、前回支援した人のなかには『そちらで勝手にやってください』と、つれない人もいて苦戦した」

それでも総裁選が進むにつれて、高市氏に追い風が吹いてきた。進次郎氏の失速もあり、各種世論調査で自民党員の岩盤保守層が高市氏を支持していることが数字に表われてきたからだ。

総裁選終盤、高市陣営の長老格・古屋圭司元国家公安委員長は手応えを語った。

「選対は当初より非常に前向きです。世論調査のたびに上がってきているでしょ？　これはとても大きい」

実際、総裁選が進むにつれて、それまで士気の低かった保守系議員がこぞって高市氏の支援に力を入れ始めた。新世代の総裁候補、小林氏も「自分は保守の議員」と強調し、総裁選を前に、〝保守のスター〟安倍晋三元首相の墓前を訪れる場面もあった。前回総裁選では高市氏を支援しただけに、当初高市陣営は「票を獲られる」と警戒する向きもあった。

「しかし、結局は小林氏が削ったのは進次郎氏の票だった。小林氏が安全保障や経済政策などで骨太な議論をしてくれたおかげで、同じ四十代の進次郎氏の薄っぺらさが印象づけられた。むしろ高市氏の追い風になった」（高市選対関係者）

麻生太郎の誤算

そんな高市陣営が早くから狙いを定めてきたのが、現存する唯一の派閥・麻生派を率いる麻生太郎氏の支援を得ること。麻生派からは河野太郎氏が出馬していたが、勢いに欠け、麻生氏も派閥を締めつけてまで支援しているわけではなかった。

「総裁選は人気投票になってはいけない。今回の総裁選は俺にも読めない。こんな総裁選は初めてだ」

経験豊富な麻生氏でさえ、周囲にこう語っていた。

「麻生派所属で、高市陣営に入っていた中村裕之氏が麻生さんに挨拶に行くと、麻生さんは『高市か。まあしっかりしているからな』との反応。『石破、進次郎の決戦投票じゃまずいですよね』と畳みかけると、『そうなんだよな』との反応だった」（高市陣営関係者）

麻生氏は、かつて麻生下ろしを仕掛けた石破氏を蛇《だ》蝎《かつ》のごとく嫌っていた。菅氏との関係も良好と言えず、武田氏とも地元福岡で激しく敵対する関係だ。おまけに進次郎氏への評価も低いとされる。乗れるのは高市氏しかないという状況もあった。

「高市陣営からのアプローチもあり、麻生氏は総裁選前日に、岸田氏に『茂木と三人で高市を推して、再び三頭政治をやろう』と呼びかけたとされます。しかし、これを岸田氏は断った」（前出・政治部記者）

ある旧宏池会所属議員は「岸田さんは高市さんがリベラルな宏池会の伝統にそぐわないという意識が強かった」と語る。実際、岸田氏と近しい遠藤利明氏が石破陣営に入り、両者の調整役となっていた。

さらに、衛藤征士郎氏も林芳正陣営の選対本部長の田村憲久氏や、上川陽子選対を仕切る松島みどり氏らと連携を取り、決選投票に向けて旧宏池会票を石破氏に集めていた。岸田氏は周囲にこう語っていた。

「私は石破さんにシンパシーを感じているよ」

その言葉を確かめるように、岸田氏は外遊から帰国後の9月24日に、石破氏と電話で会談。

「経済政策など、岸田路線を引き継ぐように」

と、石破氏に確認をしていた。軌を一にするようにして、進次郎陣営に入っていた岸田氏側近の木原誠二氏は「右派強硬路線の高市氏じゃ中国や韓国との関係はうまくやっていけない」と周囲に語っていた。こうした〝高市不安〟は党内に徐々に伝播《でんぱ》していった。

しかし、岸田氏の支援を得られずとも麻生氏は突っ走った。総裁選前日の夜に、産経新聞は麻生氏が派閥構成員に第1回投票から高市氏に投票するように指示を出したと報じた。

「麻生氏の狙いは麻生派の票を集中させ、高市氏を第1回投票で2位以内に押し上げ、決戦投票に残らせること。岸田氏を巻き込めずとも『イケる』と思った根拠は、9月24日に進次郎氏が麻生氏のもとに『力を貸してください』とお願いに来たことでした。進次郎氏の後見人である菅氏も武田氏も、麻生氏とは対立関係にある。それでも、わざわざ麻生氏のもとに来たことで、麻生氏は『圧倒的な議員票を獲るとされている進次郎も意外と苦しんでいる。高市に麻生派が乗れば勝てるかも』と読んだ。ちなみに進次郎氏は陣営の誰にも相談せずに、麻生氏のもとに行ったそうです」（前出・自民党関係者）

しかし、結果を見れば、これは甘い読みだったと言わざるを得ない。

総裁選当日、9月27日の午前中、武田氏が仕切る旧二階派の面々に伝令が下った。

「決選投票で、高市、石破が残ったら、石破に投票するようにしてくれ」

結果的に「旧二階派47名のうち45名がこれに従った」と旧二階派幹部は語る。菅氏に近い無派閥議員らのグループにも同様の支持が下っていた。

さらに――。同じ頃、旧岸田派（旧宏池会）の議員にも岸田氏からのメッセージが伝わった。

「決選投票では、高市以外の党員票を多く獲った人に投票するように」

決戦投票は〝究極の消去法〟

そして始まった総裁選。第1回投票では、高市氏がトップ（議員票72、党員票109）、次いで石破氏（議員票46、党員票１０８）、そして進次郎氏（議員票75、党員票61）という結果だった。高市氏は当初、ここまでの議員票を獲ると思われておらず、麻生派の多くが乗っかったとみられる。さらに、党員票でも予想以上の伸びを見せ、会場からはどよめきが上がった。

　そして決選投票前の演説。石破氏は「多くの足らざるところがあり、多くの方々の気持ちを傷つけた。心からお詫びを申し上げる」と、党内で顰蹙《ひんしゅく》を買ってきたこれまでの自身の言動を反省してみせた。

　一方の高市氏は制限時間を超えて話し続け、空気の読めなさを露呈してしまった。

　決選投票の結果は、石破氏が２１５票、高市氏が１９４票。結局のところ、菅グループ、旧二階派、そして旧岸田派の支援を受けた石破氏に軍配が上がった。高市陣営からは「結局、岸田にやられた」との恨み節も上がった。

「石破氏も高市氏も国民的な人気とは裏腹に、人望がなく議員仲間がいない。推薦人集めにすら苦労した人たちです。決選投票は、いわば自民党内の嫌われ者同士の対決になりました。マシなほうはどっちかという、究極の消去法で、より穏当なイメージのある石破氏に収まった。石破氏も党内の基盤は弱く、政権運営は盤石ではありません」（全国紙政治部デスク）

何が変わり、何が変わらなかったのか？

　ある意味で誰も予想しない結末となった今回の総裁選。最初の問いに戻ってみよう。

　自民党は何が変わり、何が変わらなかったのか？

　ある意味、一つの象徴的な動きだった小林陣営の議員はこう振り返る。

「昔の派閥だったら、親分が手下にお金を配っていたが小林選対は逆。みんなで資金をカンパして活動している。出馬会見をパネルの前でやったら、他の候補もみんな真似した。これまでの自民党にはない動きをつくれた。もう一つは、これからの時代は4期生以下の実力者たちが担うということも示せた。小林陣営だけでなく、進次郎陣営でも中核を担ったのは小倉将信、村井秀樹、小林史明といった若手・中堅だった」

しかし、その一方で小林陣営は終盤には他陣営が「草刈場だ」と呼ぶほどの引き剝がしに苦しんだ。結局、第1回投票で議員票が41と伸び悩み、9人中5位に終わった。さらに進次郎陣営も、政策づくりや論戦準備に陣営の議員たちがどこまで関われたかは不透明だ。「進次郎氏が自分の思いを伝えていたのがメイン」（進次郎選対幹部）と、連携不足を伺《うかが》わせる証言もある。

加えて進次郎陣営では、若手・中堅と菅氏に近いグループの議員間で対立や衝突も起きていたという。

小林、進次郎両陣営ともに勝手連の支援頼みで、カネとポストに紐付いた結束力の高い〝派閥〟を持ってない弱みが露呈した。最終的に決選投票で勝負を決めたのは、旧派閥の力による部分が大きかった。これは変わらない部分だろう。

「自民党をぶっ壊すと言って郵政解散など無茶をした小泉純一郎元首相でさえ、当選9回という十分な期数と、最大派閥・清和会の支援を実質的に受けて、強力な力を持ちながら政権運営に取り組んだ。それがなければ実力者の顔色を覗《うかが》った人事しかできず、思い切った施策も打てない。党内基盤の弱い石破氏は内閣でも、キングメーカーとなった菅氏や岸田氏、そして武田氏の意向を伺わせる人事だった」（前出・政治部デスク）

自民党は10月の衆院選で議席過半数を大幅に割れ込む大惨敗を喫した。背景には党内融和を優先し、持論を封じ込める石破氏の姿勢があった。目玉政策が見えず、政治とカネの問題を巡る逆風を跳ね返せなかった。

党内では早くも石破氏の責任論が浮上している。来年（2025年）に参院選を控えるなか、総裁選を戦った高市氏や小林氏らを軸に、旧清和会に影響力を持つ萩生田《はぎうだ》光一元政調会長や、落選したとはいえ二階派をまとめる立場の武田氏らが絡む形で〝石破下ろし〟が加速するだろう。

大平正芳元首相は「人間は3人集まれば2つ派閥をつくる」と言った。派閥のような自身を支える仲間を持たない限り、安定した政権運営すらできない。石破氏の早すぎる〝挫折〟が、政治における本質的構造が変わらないことを示している。

▼高市早苗が「保守の仮面」を被る理由

党内の権力闘争に利用される「日本会議」という〝保守カード〟

総裁選の第1回投票でトップだった高市早苗氏。「保守派のプリンセス」とまでいわれ、党内で存在感を示した。その躍進の影には、日本最大のナショナリスト団体の存在が――。

文＝窪田順生 ノンフィクションライター

いつの間にか〝保守派のプリンセス〟に

2024年9月27日、午後2時10分――。東京・永田町の自民党本部8階ホールは大きなどよめきに包まれた。

党総裁選1回目の投開票が行われ、高市早苗氏が181票（議員票72／党員票109）で石破茂氏の154票（議員票46／党員票108）を大きく引き離してトップとなった瞬間だ。この時のことを、会場で小泉進次郎氏に票を投じたある議員はこう述懐する。

「実はあのどよめきは驚きというより、悲鳴に近いものでした。公の場では誰も言わないですが、党内の高市さん支持者のなかには極右や国家社会主義者のような思想の人もいるのは周知の事実で、〝高市さんだけはない〟という言葉が飛び交っていた。しかし、フタを開ければ議員票が72票も入っている。何か得体の知れない〝大きな力〟が働いたのでは、と背筋がゾッとしたのを覚えています」

では、高市氏を「日本初の女性総理」の一歩手前まで押し上げた〝大きな力〟の正体とはいったい何なのか。一部のメディアは会員数4万人といわれる日本最大のナショナリスト団体「日本会議」の存在を匂わせている。

〈保守系の運動団体「日本会議」と連携する地方議員たちも支援に回った。高市氏は6月29日、日本会議地方議員連盟幹部に出馬の意向を伝達。同議連の議員らが中心となり、全国各地の地方議員約1千人分の名簿獲得に奔走した〉(『朝日新聞』2024年9月27日)

つまり、大方の下馬票を覆《くつがえ》して「181票」という大量得票ができたのはこの保守系団体が裏で暗躍をしていたから、というのである。本当に、日本会議にそこまで〝大きな力〟があるのだろうか?

自主憲法制定というコンセンサス

日本会議は二つの保守系運動団体が統合する形で1997年に設立された。一つは神社本庁や生長の家など、宗教右派と呼ばれる勢力の指導的人物が集まった「日本を守る会」。もう一つは、江藤淳や黛敏郎などの保守論壇や、ワコール創業者の塚本幸一、鹿島建設名誉会長の石川六郎などの財界人、さらには瀬島龍三という旧日本軍幹部らが集結していた「日本を守る国民会議」である。

つまり、日本会議とは宗教団体、文化人、財界人、さらにはフィクサーという、生きる世界が異なる人々が「相乗り」するきわめてユニークな性格を持つ団体なのだ。

では、なぜそんな呉越同舟が可能となっているのかといえば、「自主憲法制定」という旗である。歴史問題や皇室のあり方など、それぞれ細かなところで考えに違いはあれど、アメリカに押し付けられた憲法を変えるというこの一点だけはしっかりとしたコンセンサスが取れているのだ。

これは日本会議と「共闘」をする政治家にも当てはまる。約290名の国会議員が名を連ねる「日本会議国会議員懇談会」（以下、懇談会）は超党派の議連で、高市氏のような急進的な保守派から石破茂首相のような穏健派、さらには、立憲民主党内の改憲を訴える中道保守派議員まで参加する。地方議会版の「日本会議地方議員連盟」も約1800名の議員が参加しているが、政治信条は多様だ。

そんな日本会議の名が一躍注目を集めたのは安倍政権だ。安倍晋三元首相と政権を支える麻生太郎氏というツートップが懇談会の「特別顧問」を務め、閣僚にも多くのメンバーが入ったからだ。

例えば2016年の第三次安倍第二次改造内閣では、閣僚20人のうち16人が懇談会のメンバーだった。そこで日本共産党や、朝日新聞などいわゆる左派系メディアや一部のジャーナリストが「日本会議」を「安倍政権を裏で完全支配している右翼団体」として大きく取り上げた。これを受けて当時、海外メディアのなかには日本会議を「日本を右傾化させるカルト集団」と報じるところもあった。

しかしその後、安倍政権が終焉を迎えて菅義偉《よしひで》政権、岸田文雄政権と「保守色の薄い自民党」になると、このような「日本会議黒幕説」も鳴りを潜めていく。それが久方ぶりに注目されたのが今回の高市氏の総裁選出馬だったというわけだ。

なぜかというと、高市氏は「日本会議のプリンセス」と呼んでも差し支えない存在だからだ。

日本会議のプリンセス

両者の蜜月ぶりは、2002年の小泉純一郎内閣まで遡《さかのぼ》る。日本会議のホームページを見ると、高市氏が初の政務三役となる「経済産業副大臣」として日本会議設立5周年大会に参加し祝辞を述べたのだが、2017年の設立20周年大会になると「日本会議国会議員懇談会副会長」の肩書きとなっており、着々と日本会議内でステップアップしていたことがわかる。

そして現在、日本会議の公式ホームページで最新の更新（2024年9月5日）としてアップされていたのは、《【注目動画!!】安倍元総理の志を継承する①～高市早苗「強い日本を取り戻す」ために》という動画。安倍元首相なき今、日本会議が最も活躍を期待している保守政治家と言っても過言ではないのである。

その期待の大きさは、今回の総裁選の「推薦人」を見てもわかる。高市氏の推薦人20人の大多数が「懇談会」のメンバーであり、そのなかには懇談会会長の古屋圭司氏も入っている。しかも、総裁選終盤に「高市に入れろ」と派閥メンバーに呼びかけたと報道された麻生氏は、先に述べたように懇談会の「特別顧問」だが、それ以前は会長も務めている。

そして「日本会議系議員」たちのなかでも、高市氏は「自民党きっての最右翼政治家」だとみられている。それを示す象徴的な出来事がある。

総裁戦の告示日、高市陣営では推薦人代表で選対本部長を務める中曽根弘文元外相（参議院議員）が、「右翼だ、なんだと言われるかもしれませんが」と前置きをしたうえで、旧日本海軍の英雄として知られる東郷平八郎元帥がしたためたという以下のような書の写しを掲げた。

「皇國興廃在此一戦各員一層奮励努力」（「皇国の興廃この一戦にあり。各員一層奮励努力せよ」の意）

これが読み上げられると、会場には大きな拍手が湧き上がった。この光景を見て、ある自民党ベテラン議員は、「日本会議が本格的に高市を支援している」と確信したという。

「若い議員はわからないだろうけれど、あの書の実物を持っていて、あの言葉が大好きなのは自民党内で〝最右翼〟といわれた平沼赳《たけ》夫《お》先生なんだよね」

2006年、郵政改革への造反で自民党を離れた平沼氏は、執行部と交渉をして復党への道筋をつけつつ、自らは「意地」を見せてそのまま無所属で活動。2010年には与謝野馨、園田博之らと保守の受け皿となるべく「たちあがれ日本」を結党し、代表となった。

その時の決意を報道陣の前で語る際、知人からもらったという「皇國興廃在此一戦各員一層奮励努力」の書を掲げて、当時政権与党の民主党をロシアのバルチック艦隊になぞらえて批判した。もちろん、いくら自民党の議員でも、国政選挙に日露戦争を持ち出す感性についていけない者もいる。

〈平沼が東郷の掛け軸を報道陣に披露した際、カメラに写り込まないよう、与謝野は部屋の隅にそっと体を移した〉（「asahi.com」2010年7月7日）

今、自民党内のハト派から「あれは保守じゃなくて極右」と煙たがられている高市氏の言動は、平沼氏の姿に重なるものがある。

「平沼先生は新人議員の頃から、日本会議の前身の一つ『日本を守る国民会議』の黛敏郎らと教科書問題に取り組んでいた、まさしく日本会議とともに歩んできた保守のレジェンド。今回の総裁選において、平沼さんが愛する東郷の書で送り出したということは、日本会議や近しい議員たちが高市に対して〝平沼先生のような自民党の最右翼になってほしい〟というメッセージを送ったわけですよね」（前出・ベテラン議員）

「選挙」と「カネ」で見る日本会議の影響力

このように日本会議から高市氏に寄せられた大きな期待というものが保守派の力強い結束力となり、それが〝大きな力〟となって今回の総裁選1回目の181票という票につながった——。

メディアの中だけでなく、自民党員でもそう信じている者も少なくない。もしそれが事実ならば、もしこれから仮に「高市政権」が誕生したら、かつて安倍政権時にいわれていたように「日本会議による完全支配」が始まるということなのか。

「それはあり得ません。そもそも日本会議が政権を支配しているという主張は、共産党などの野党や一部の反自民ジャーナリストが安倍さんを叩く〝ネタ〟の一つとしてつくり上げたファンタジーです」

そう言って冷笑するのは、匿名を条件に取材に応じた自民党本部の職員だ。これは「裏金問題」に象徴されるように、自民党政治の力の源である「選挙」と「カネ」という切り口でみれば明らかだという。

例えば、２０１９年の参院選全国比例で日本会議は有村治子氏を推薦候補とした。実は有村氏は東郷平八郎の子孫で高市氏の熱烈な信奉者でもある。保守の人々にとっては「ポスト高市」ともいうべき期待の星だ。

では、その選挙で有村氏が全国でどれくらいの票を集めたのかというと20万６２２１票。同じ選挙で自民党の票田である「農協」の組織内候補、山田俊男氏は21万７６１９票。元全国郵便局長会会長の柘植《つげ》芳文氏は約60万票を獲得している。このような有力支持団体をさしおいて、なぜ20万ほどの集票力しかない日本会議が、「政権を完全支配」できるというのは理屈に合っていないのだ。

「カネ」という面で見るともっとわかりやすい。政治団体、宗教団体、業界団体の自民党への政治献金は「一般社団法人 国民政治協会」に寄せられる。２０２３年４月17日に、会社四季報編集部が、国民政治協会の献金額の多い団体をランキングした『「自民党への献

安倍長期政権を支えた麻生氏と高市氏

金が多い」業界・宗教団体など最新14団体』を作成している。

それを見ると、ダントツのトップは日本医師会の政治団体「日本医師連盟」だ。診療報酬改定の引き上げを狙うこの団体は、財務省に対して圧倒的な影響力を持つ麻生氏や、岸田前首相にも多額の献金を行っている。その医師会から大きく差が開いた2位に自民党員や党友からの個人献金の受け皿組織「自由社会を守る国民会議」（以下、自由国民会議）、3位に日本自動車工業会、4位が日本電気工業会と続く。宗教団体に関しては8位にワールドメイトが入っているだけだ。つまり、日本会議はせいぜいメンバーが、個人的に「自由国民会議」を通じて献金しているくらいと推測される。

「この程度の影響力で政治家を完全支配できるのなら、自民党政権は日本医師会、農協、もっと言えばワールドメイトの奴隷になっていなくては筋が通りませんが現実はどうですか？　診療報酬や補助金やらで多少は優遇をすることがあっても支配されていないでしょ？　それよりもはるかに票もカネもない日本会議に支配されるなんて陰謀論が過ぎますよ。マンガやドラマの見過ぎじゃないですか」

自民党本部職員はそのように「日本会議の力を過大評価しすぎ」だと力説する。しかし、安倍政権や今回の総裁選で「日本会議」が存在感を示したというのもまた事実だ。選挙やカネの面では自民党全体への影響力は小さくとも、自民党内保守派への思想的影響力は強く、時には彼らの言動を操ることもあるのではないか。

「そういう見方自体が政治家という人たちをよくわかっていません。安倍さんや高市さんら保守政治家は日本会議に操られているどころかまったく逆。党内の熾烈な権力闘争に勝つために日本会議という運動体を利用しているだけです」

日本会議の「黒幕」

そう語るのは、安倍・菅政権を通じて重要な政策に関わっていた元政府高官だ。いったいどういうことか。

それを理解するには、本稿の前半部分で、日本会議という団体の特徴として述べた「呉越同舟」という言葉がわかりやすいという。

自民党は〝寄せ鍋〟のような政党であり、高市氏のような極右から立憲民主党にいてもおかしくないリベラル派まで幅広い人材がいる。彼らは考え方もバラバラで、安全保障、経済政策、医療、社会保障など議員個人がさまざまな政策を唱えている。そんなカオスの中で権力闘争をするために派閥が生まれたわけだが、総裁選やその後の政権運営では自分の派閥の仲間だけを頼るというわけにはいかないため、政策や理念の異なる議員とも「呉越同舟」をしなくてはいけない。

そこで活用されてきたのが、同じ政策を持つ議員たちから構成される「議員連盟」だ。同じ議連を長くやってきた同志は、派閥が違えど「共闘」できる。この同志集めの場が「議連」だった。政治は「数」が力になるので当然、大きな議連は大きな力を持つ。それが日本会議国会議員懇談会だったというわけだ。

「自民党はもともと憲法改正を目的の一つに結党されたわけだから当然ですよ。他の政策では対立をする極右、中道、リベラルが〝憲法改正〟という旗の下ならば一つに集結できる。それをうまく政権運営に活用していたのが安倍さんだった。つまり、自民党の有力保守政治家にとって日本会議というのは、経済政策や安全保障などで政策や理念の異なる議員を、自分の同志に取り込んで勢力を増すことができる便利なシステムなんです」（元政府高官）

このシステムを今、最もうまく活用しているのが麻生太郎氏だという。今回の総裁選で麻生氏は高市氏の支援に回った。メディアは石破氏が嫌いだからのひと言で片付けているが、これもおかしな話だ。

麻生氏と高市氏では財政政策に関して真逆。安倍政権時から歴代最長の財務大臣を続けて、後任を義弟の鈴木俊一氏に継がせていた麻生氏は〝財政健全派〟として知られる。実際、岸田前首相が立ち上げた「財政健全化推進本部」の最高顧問も務めている。一方、高市氏は財務省の財政健全化路線を真っ向から否定する〝積極財政派〟として党内外から支持を受けている。

「財政は国の舵《かじ》取りの根幹です。そこで真逆の政策を掲げる高市さんを、なぜ麻生さんは応援したのかといえば、日本会議というシステムをうまく活用して高市さんをコントロールできると考えているからでしょう。そこでキーマンとなるのが今回、高市さんの推薦人代表・選対本部長を務めた中曽根弘文さんです」（前出・元政府高官）

大勲位の「後継者」として

中曽根氏といえば、父は中曽根康弘元首相。戦時中は日本海軍主計、戦後も強硬に憲法改正を訴えたことから時に「青年将校」などと揶揄された生粋の保守系議員だ。首相時代は米ソ冷戦の真っ只中ということもあり、日本会議の前身「日本を守る国民会議」と反共運動で「共闘」していたのは有名な話である。

その子息である弘文氏も保守派として日本会議と親密な関係を築いている。懇談会の会長代行を務めているほか、日本会議の中枢組織である神社本庁の政治団体「神道政治連盟」に賛同をする神道政治連盟国会議員懇談会の会長も務める。「保守派のプリンセス」である高市氏を支えるのにこれほど適任者はいない。この中曽根氏が、実は麻生氏とも近しい仲であることはあまり知られていない。

2008年に麻生氏が首相になった時、中曽根氏は外務大臣という重要閣僚に抜擢されている。実はそれ以前にも中曽根氏は文部大臣（当時）になった経験があり、当時は参議院議員の大臣クラス就任は1回のみ、という慣例があったのでかなり「異例」のことだった。麻生氏はそれほど強く中曽根氏を信頼しているということが話題になった。

その後も同じ「文教族」としてさまざまな教育系の議連、そして日本会議など保守系政治団体に賛同する議連などで行動をともにしていた両者の良好な関係は続いた。

両者の距離の近さがわかるのが、中曽根元首相が設立して長く会長を務めていたシンクタンク「中曽根康弘世界平和研究所」の存在だ。中曽根元首相が亡くなったあと、副会長である弘文氏を差し置いて、2021年に会長職を引き継いだのは麻生氏だった。たしかに、麻生氏は中曽根元首相が亡くなる2年前、99歳の「白寿を祝う会」で乾杯の音頭を取るなど親しい間柄ではある。しかし本来なら、父の設立したシンクタンクなのだから息子の弘文氏が会長職を引き継げばいいはずだが、なぜここまで麻生氏を持ち上げるのか。

「あまりそういうイメージがないだろうが、日本会議系の保守議員の間では、麻生先生は中曽根元首相の意志を引き継ぐ〝保守の後継者〟としてみられている」(前出・ベテラン議員)

戦後、日本会議の前身の一つである「日本を守る国民会議」や保守政治家たちの目標の一つに「教育基本法改正」があった。日本を占領したアメリカは「戦前・戦時中の教育の全否定」を日本政府に求め、それを受けて1947年に制定されたのが教育基本法だ。この中に「愛国心」を盛り込むことは、憲法改正同様に保守政治家の悲願だった。ここに最初に切り込んだのが中曽根元首相だったのである。

1983年、文部大臣だった森喜朗氏とともに教育基本法改正を掲げたが、当時の自民党文教族や文部省(当時)の抵抗にあって断念している。その志を引き継いだ森氏も首相になって、中曽根元首相の無念を晴らすかのように弘文氏を文部大臣に登用する。しかし森氏は、2001年2月10日に発生した、ハワイ沖で「えひめ丸」がアメリカの原潜と衝突する事故の対応や失言が批判され、わずか1年あまりで権力の座から転げ落ちる。

その後に首相になった小泉氏は「郵政改革」がライフワークであり、教育にはそれほど興味がなかった。このまま教育基本法改正は頓挫してしまうのか。そのように日本会議が途方に暮れた時、次世代の保守政治家が現れた。

「安倍先生と麻生先生ですよ。2人は総裁選で戦うライバル同士だったこともありますが、教育基本法改正というところで手を組んで、麻生先生が支える形で安倍政権が誕生。〝戦後レジームからの脱却〟を掲げてまずやったのが、2006年12月の教育基本法改正で

す。これには中曽根先生も感無量だったでしょう」(前出・ベテラン議員)

このような経緯を理解すれば、弘文氏が「中曽根康弘世界平和研究所」会長として、父の後任に麻生氏を託したのも頷けよう。中曽根元首相の悲願だった教育基本法改正を成し遂げた麻生氏は、弘文氏にとっては「恩人」なのだ。

「中曽根弘文氏は麻生氏を決して裏切ることはできません。一方、高市氏も日本会議国会議員懇談会や神道政治連盟国会議員懇談会という党内勢力拡大システムを活用している以上、要職にある中曽根氏に不義理はできません。つまり、間接的に高市氏は麻生氏の進言にも耳を傾けなければいけないということです。ましてや、麻生氏はこれらの懇親会の元会長で今も顧問を務めている。つまり、麻生氏は日本会議があるおかげで、派閥も違う、政策や理念も異なる高市氏をうまく操ることができるというわけです」(前出・元政府高官)

つまり、麻生氏は「中曽根家」と「日本会議」という二つのカードを巧みに活用することで、高市早苗首相誕生を裏で仕掛けるキングメーカーになろうとしているというわけだ。

「神の国」「単一民族」「戦前・戦時の思想」

もちろん、ただ利用をしているだけではない。麻生氏の「政治思想」をみれば、日本会議の影響力は我々が思っている以上に大きいかもしれない。

たとえば2020年、地元福岡の国政報告会で麻生氏は「2000年の長きにわたって一つの民族、一つの王朝が続いている国はここしかない」と発言して炎上をした。同じ趣旨のことを2005年にも発言して叩かれたので「失敗から学ばない」と批判されたが、実はこれは「確信犯」ではないかという見方もある。

「日本会議の中では、日本人とは〝皇室を中心とした一つの民族〟と考えている人が多いのは事実です。今の時代は外部向けにははっきり言いませんが、万世一系の皇統の日本は『神の国』であって、そこの国民も『大和民族』という考えは昔から変わっていません。

麻生先生は批判されることをわかったうえで、あのような発言をされていると思います」（日本会議メンバー）

たしかに、日本会議ホームページの「日本会議が目指すもの」には、「私たち日本人は、皇室を中心に同じ民族としての一体感をいだき国づくりにいそしんできました」という考え方が表明されている。日本会議からすれば、志をともにしている自民党議員も当然、このような考え方でいてほしいはずだ。麻生氏はそのような求めに応じて、意図的に「単一民族」発言を繰り返しているのではないか、というわけだ。

中曽根元首相も1986年に「日本は単一民族だから教育水準が高い」という趣旨の発言をして問題になっている。政権批判をする人々はよく「安倍元首相が亡くなっても安倍的なものが残っている」と言うが、実は正確には自民党内に残っているのは「中曽根的なもの」なのだ。そして、その源流を辿《たど》れば「戦前・戦時の思想」である。

先ほど総裁選で、中曽根弘文氏が高市氏の出陣式で東郷元帥の書を掲げたことを紹介したが、実はこの東郷元帥を敬愛していたことで有名なのが康弘氏だ。元海軍主計ということもあるが、大きいのは康弘氏の誕生日が5月27日ということ。実はこの日は、東郷元帥がバルチック艦隊を破った日で戦前は「旧海軍記念日」だったのだ。

日本会議とは何か――。そのような問いかけがなされると、「自民党を裏で操るナショナリスト団体」「改憲に突き進むカルト集団」という答えが寄せられるが、それは現実とかけ離れた「寓話」である可能性が高い。実際は自民党内の熾烈な主導権争いに活用される、数多《あまた》とある「政治的カード」の一つに過ぎないのだ。しかし一方で、この団体が自民党議員の思想面に〝大きな影響力〟を及ぼしているのもまた事実だ。政治家の言動を、日露戦争に勝利をしてその成功体験が忘れられず、勝ち目のない日米戦争に突入していった時代の感性に戻しているとも言える。

果たして、それが日本の未来にとって良いことなのか悪いことなのか。その答えは、高市政権が誕生した時にわかるはずだ。

（本文中一部敬称略）

第2章

亡国

「国民不在」政治の本質

▼自民党の統一教会汚染、その「原点」

安倍晋三と統一教会をつないだ「有力議員」とはいったい誰なのか？

9月17日付の朝日新聞がスクープした自民党と統一教会のトップ同士の「面談写真」。安倍晋三氏と教団サイドを仲介し、総裁応接室における密談をセッティングすることのできた人物は限られる。自民党と統一教会をつなぐ「点と線」——。

※なお、本稿ではメディアで使用される「旧統一協会」の呼称は使用せず、「統一教会」とする。

文＝**鈴木エイト**｜ジャーナリスト・作家

朝日新聞の衝撃スクープ

2024年9月17日、総裁選真っ只中の自民党に激震が走った。朝日新聞が一面トップで、自民党と統一教会（現・世界平和統一家庭連合）のトップ同士の直接面談を証拠写真とともに報じたのだ。それは私が11年間、追ってきた重大な疑惑の最後のピースを埋める可能性を秘めたものだった。

総裁応接室での面談の衝撃

第二次政権発足後の最初の国政選挙である第23回参議院議員選挙の公示を4日後に控えていた2013年6月30日、安倍晋三内閣総理大臣は自身の実弟と最側近とともに自民党総裁応接室で統一教会の日本のトップたちと面談した。

総裁応接室に集った面々は以下。

・安倍晋三　自民党総裁・内閣総理大臣
・萩生田《はぎうだ》光一　自民党総裁特別補佐
・岸信夫　衆議院議員
・徳野英治　日本統一教会会長
・太田洪量《ひろかず》　国際勝共連合会長／世界平和連合会長
・宋龍天《ソンヨンチョン》　全国祝福家庭総連合会総会長
・渡辺芳雄　ＵＰＦ－Ｊａｐａｎ理事／国際勝共連合副会長／世界平和連合副会長
・横田浩一　国際勝共連合理事長／世界平和連合事務総長

肩書はいずれも当時のものである。自民党側はトップである安倍晋三、安倍の最側近の萩生田光一と実弟の岸信夫。統一教会側は教団トップの会長に韓国人総会長、そして関連政治団体のトップにナンバー2とナンバー3。これらの面々が自民党内の総裁応接室に集い、参院選における「取引」について話し合ったのだ。

朝日新聞の報道によると、この面談では産経新聞政治部長だった全国比例候補の北村経夫への選挙支援の確認がなされたという。北村は安倍の祖父・岸信介元首相の恩人である天照皇大神宮教《てんしょうこうたいじんぐうきょう》の教祖・北村サヨの孫で、安倍が自ら出馬を依頼した肝いりの候補者だった。

この時の参院選での北村への支援に関しては、当時入手していた教団内部FAXなどから私も把握していた。

参院選直前の教団内部FAXには「首相からじきじき後援依頼」とあり、安倍から直接、北村への組織票依頼があったことが記されていた。依頼の場が時系列から見てこの時の総裁応接室だったことは間違いないだろう。FAXには、統一教会を国会で追及する動きから護ってもらうために北村の当選が教団にとっての死活問題であるとの記述がなされていた。私がこのFAXの内容を報じた際、怪文書扱いされ真贋《しんがん》を疑う声もあった。だが朝日新聞のスクープによって、私の報道が事実だったと改めて証明されたことになる。

事前の当落予想で当選ラインに届かず落選必至だった北村への組織票支援が話し合われたわけだが、私が当時入手していた情報では、教団が特別伝道隊として3000人の選挙運動員の派遣を行うほか、全国の信者に北村への期日前投票が指示されていた。

教団内部FAXには「参院選挙、推薦候補」として「全国区・北村、東京・武見、神奈川・島村、埼玉・古川。千葉・長浜（民主）、愛知、サカイ、三重。吉川」とある。この記述からは、北村だけでなく全国各地の候補者との関係も伺《うかが》える。

「自民党のある有力な議員を通じて接近」

また2013年の参院選では、警察・公安による捜査情報を入手した教団が「自民党のある有力な議員を通じて安倍政権に接近した」との内部情報を得ていた。つまり、教団側にとって総裁室での面談は、安倍の肝いり候補への支援と引き換えに体制保護を得る裏取引の場だったことになる。

最も重要なポイントは、この会談の9年後、やはり参院選の遊説中に安倍は統一教会の被害者によって銃撃され命を落としているということだ。その悲劇へと至る始まりは、この面談だったことになる。

安倍が教団幹部を直接呼び出したのではないかとの指摘もある。つまり、トップダウンによる安倍個人と教団幹部との直接の関係というものだ。だが、201

３年６月の時点では安倍と教団は直接連絡を取る関係にはなかった。そのため、安倍自身が教団幹部を直接自民党本部へ呼び付けた可能性は限りなく低い。そうなると、焦点は教団内部情報にあった「有力な議員」とは誰かということになる。安倍と教団サイドを仲介し、総裁応接室における密談をセッティングすることのできた人物は限られる。

先を急がず、２０１３年の参院選直前の密談に至るまでの統一教会と自民党との関係を、安倍三代の系譜とともにざっくりとではあるが振り返っておこう。

勝共連合による政界工作の変遷

韓国発祥の宗教団体・統一教会は１９５９年に日本へ進出。１９６３年に右翼活動家・笹川良一が顧問に就任。１９６４年に宗教法人の認可を受け「日本統一教会」を設立、教団本部を渋谷区南平台の岸信介の私邸の隣に移転した。韓国で朴正熙《パクチョンヒ》政権の庇護を受けた文鮮明《ムンソンミョン》教祖は「反共の同志」という関係性にあっ

日本に進出した統一教会の「守護神」だった笹川良一（左）と岸信介

た日韓両国において、共産主義への対抗として1968年に国際勝共連合を創設する。日本での同連合の創設の後ろ盾となったのが岸信介元首相だった。

1970年には日本武道館で同連合が主導した「世界反共連盟（WACL）」世界大会が開催された。1974年に文鮮明を迎えて帝国ホテルで開かれた「希望の日晩餐会《ばんさん》」に出席した福田赳夫《たけお》蔵相は「アジアに偉大な指導者現わる、その名は文鮮明」と礼賛した。

国際勝共連合を通じた自衛隊関連の自民党国会議員への局所的な選挙支援と並行して、教団フロント組織・世界平和教授アカデミーが政策提言を行うなどの政界工作が行われた。統一教会が本格的に自民党の全面応援に乗り出したのは中曽根康弘政権下で行われた1986年7月の衆参同時選挙からだ。この時、自民党は大勝したが、文教祖は60億円を使ったと豪語。当時、百数十人の勝共推進議員がいたとされる。

1984年に脱税の罪で有罪判決を受け、ダンベリー刑務所に収監された文鮮明を解放するよう求める書簡をロナルド・レーガン大統領に出すなど緊密だった岸信介との関係は、息子の安倍晋太郎に受け継がれた。安倍晋太郎を含め相当数の国会議員のもとに秘書が派遣された。文鮮明の指示によって秘書養成所で訓練された信者が送り込まれたのだ。統一教会の教祖はこんな指令を出している。

「まず政治家の秘書として食い込め。食い込んだら議員の秘密を握れ。次に自らが議員になれ」（『週刊現代』2009年2月27日号掲載の元信者証言より）

政治家の秘書だけではない。1987年に起こった赤報隊事件。兵庫県警、捜査一課の資料には「自民党本部職員に10数人の国際勝共連合メンバーがいる」との記載がある。

安倍晋太郎を総理大臣にし、日本を支配する目論見を持っていた文鮮明だったが、1987年10月20日の「中曽根裁定」により安倍晋太郎ではなく竹下登が次期総裁に指名される。中曽根に裏切られた形の文鮮明は激怒。だが中曽根にしてみれば、統一教会との関係にそれほど大きな比重を置いていなかったとも言える。

1990年代に入ると、東西冷戦の終結によって「反共運動」そのものの存在意義が薄くなり、霊感商法や合同結婚式が社会問題化していくなか、それまで勝共推進議員として教団に協力してきた政治家が距離を置くようになった。そこで勝共連合は戦略を変える。男女共同参画やジェンダーフリー、選択的夫婦別姓、同性婚などを敵視し、これらも共産主義の一つである「文化共産主義」だとして保守派の政治家の取り込みを図ったのだ。

1991年に死去した晋太郎に替わり文鮮明が期待を掛けたのは息子の安倍晋三だった。2000年代に入ると文鮮明は、日本の幹部へ安倍晋三を首相にするよう発破を掛けた。

教団と一定の距離を置いていた安倍晋三

だが当の安倍晋三にしてみれば、反ジェンダーなどの思想的な共鳴関係にはあったものの、統一教会からのアプローチを敬遠していた節がある。2015年頃、安倍のもとへ選挙出馬の相談に行ったある政治家に聞いた安倍とのエピソードが興味深い。

「何か仲良くしている宗教団体はないの？」

安倍から固い票田として一定数の票数が見込める宗教団体との関係を問われたという。

「統一教会とは仲良くしていますよ」

そう答えたこの人物に安倍はこう言い放った。

「そこはダメだ。祖父や父親も仲良くしていたけれど僕は嫌いだ、あの団体は。あんな団体と仲良くなっちゃいけないよ」

この人物は、安倍が統一教会との関係で銃撃されたあと、当時の安倍との会話からどうしても納得がいかないと連絡をくれたのだ。

2005年と06年に安倍は統一教会のフロント組織・UPF（天宙平和連合）の集会に祝電を送っている。安倍はメディアの追及に「誤解を招きかねないので（事務所の）担当者に注意した」と答えており、一定の距離を置いていたことがわかる。

だが、安倍の意向など意に介さず統一教会は安倍を首相にするための工作に勤《いそ》しむ。そして2006年9

自民党総裁として臨んだ国政選挙は6連勝。抜群の強さを誇った

月、第一次安倍政権が発足する。

ところが、第一次安倍政権は安倍の体調悪化もあって短命に終わってしまう。

「古参幹部ルート」と「政界ルート」

統一教会が政権の庇護を必要としていた背景には、切実な事情もあった。2007年から10年にかけて全国の統一教会系霊感商法販社が警察の摘発を受けた。2009年2月には警視庁公安部が渋谷の印鑑販売会社「新世」を摘発、教団本部の向いのビルに入る渋谷教会や南東京教区本部事務所にも家宅捜索が入った。教団本部への家宅捜索については国際勝共連合の梶栗玄太郎会長が警察官僚出身の大物政治家に陳情、この政治家の口利きによって取り止めとなり教団は難を逃れたとされるが、同年6月に全員が統一教会信者の新世の社長や販売員が逮捕され、当時の徳野英治・日本統一教会会長は引責辞任した。

この時の一連の摘発について教団サイドは「政治家

への渉外活動が足りなかったからだ」として政治家工作を再強化する。

そんな時代背景のなか、在野時代の失意の安倍に接近したのが教団の関連団体、世界戦略総合研究所の阿部正寿会長だった。教団の広報部長を務め文教祖から欧州伝道を託された経歴を持つ古参幹部の阿部正寿は、2010年に安倍を同研究所の定例会やシンポジウムに招聘。2012年春には自民党総裁選に挑戦するよう100人規模の青年信者などを集めて高尾山登山を行い、安倍夫妻を激励している。これが安倍と教団を結ぶ古参幹部ルートである。

一方、安倍を統一教会に近付けたルートについては前述の「自民党のある有力な議員」による政界ルートの比重が大きい。この政界ルートについては後述する。

2012年9月の総裁選で石破茂を破り、自民党総裁となった安倍は、同年12月の衆院選で勝利、内閣総理大臣に返り咲く。同時期、統一教会では梶栗玄太郎会長の死去によって徳野英治が会長に復帰している。

翌2013年、安倍は衆参の捻《ねじ》れを解消すべく夏の参院選に注力する。そして肝いりの候補者・北村経夫を当選させるべく、最も忌み嫌っていた団体、手を結んではならない相手と悪魔の取引を行う。その見返りは短期的には安倍にとって利益となったのかもしれないが、9年後、安倍の身に起こる悲劇へとつながった。安倍が支払った代償の大きさ。面談写真の持つ意味と重要性がわかる。

これが朝日新聞のスクープ写真までの系譜だ。参院選で北村を当選させ安倍の信任を得た統一教会は、急速に安倍政権との関係を強化していく。

安倍政権と統一教会の蜜月

2013年の参院選後、目に見える形で統一教会と安倍政権の癒着が加速する。

2014年12月の衆院選前、10月に八王子市内のホールにおいて統一教会が開いた徳野英治会長の講演会で萩生田光一が来賓挨拶を行う。

2015年8月に突如認可された統一教会の法人名

の名称変更。安倍側近の下村博文文科相の関与が指摘された。この政界工作には下村博文—世界日報ルートと国際勝共連合—萩生田光一ルートがあったとされる。以降、詳細は措《お》くが、統一教会系集会などに祝電や来賓参加する議員が続出した。

２０１６年には2世信者組織を使った政治工作が行われ、安倍が首相官邸に徳野会長と総会長夫人を招待していたこともわかった。夏の参院選では安倍と細田博之による宮島喜文候補への組織票票差配も発覚した。

教団フロント組織を使った世界規模での国会議員連合が各地で設立。２０１６年11月には衆議院第一議員会館国際会議室で世界平和国会議員連合の日本創設式が開かれ、5人の現役閣僚を含む１００人以上の自民党国会議員が出席した（代理出席の秘書を含む）。

２０１７年2月には世界平和国会議員連合の総会が韓国のソウルで開かれ、武田良太や山本朋広らが参加した。この恥ずべき日本の国会議員たちは２０１２年9月に死去した文鮮明に変わって実権を握った夫人の韓鶴子《ハンハクチャ》総裁から、日本の国教を統一教会にするために有力な政治家を主管する「国家復帰」指令を受けた。

２０１７年5月には教団北米会長一行が日本ツアーを行い、自民党本部で元教団顧問弁護士の高村正彦副総裁らと会談。河野太郎や小林鷹之などと面談した。

北米会長は5月19日、韓国本部での会合で菅義偉《よしひで》官房長官から首相官邸に招待されたと報告している。

「ヨシヒデ・スガから首相官邸に招待されました」

同月に教団が韓鶴子を迎え都内で開催した1万人信者集会で山本朋広はこう発言している。

「日頃より世界平和統一家庭連合の徳野会長、また世界平和連合の太田会長を始め本当に皆様には我々自民党に対して大変大きなお力をいただいています。おかげさまで安倍政権も5年目を迎えまして『長期安定政権』そのように評価をいただいている」

同年7月には教団幹部の誘いで、自民党国会議員団がアメリカへ外遊に行った。その報告会で梶栗正義・ＵＰＦ－ＪＡＰＡＮ議長は韓鶴子へ「国家復帰」の成果を力説している。

「以前、勝共連合の活動が活性化していた時と同じような、その当時は200名を超える議員たちがご父母様に侍《はべ》っていたのですが、その時と同じような雰囲気になっています」

梶栗正義はその後、国際勝共連合会長／世界平和連合の会長を兼任した。

2018年10月、国際勝共連合50周年記念式典がキャピトルホテル東急で開かれ、多くの自民党国会議員が議員会館から歩いて会場入りした。

2019年の参院選では再び北村への組織的支援がなされた。埼玉県さいたま市の市民ホールで開かれた北村の演説会には信者が大量動員され、教団幹部の席が用意されていた。会場を仕切っていたのも教団関係者だった。同年秋、政治家へ青年信者を選挙運動員として斡旋する集会が都内のホテルで開かれ、取材に行ったところ、この教団関係者から殺人予告を受けた。

2021年には世界平和連合による議員連合「日本・世界平和議員連合懇談会」が衆議院第一議員会館内の会議室で結成された。集合写真には梶栗正義を囲む形で30人以上の自民党国会議員が並んでいる。個々の政治家の後援会を結成し、運動員派遣などを行ってきたのが同連合だ。

安倍が統一教会にビデオメッセージ

2021年9月、衝撃的な映像が公開された。前年に首相の座を辞した安倍が、統一教会とUPFが共催した韓国でのオンライン集会にビデオメッセージを送り韓鶴子総裁を礼賛したのだ。

この時まで、目に見える形で安倍が統一教会との関係を示したことはなかった。このビデオメッセージ公開は、安倍にとって統一教会との関係が社会に流布されても自分の政治生命や選挙に何の影響もないと高《たか》を括《くく》ったことを示していた。

翌月、ビデオメッセージの依頼者である梶栗正義が教団の礼拝で内幕を話している。梶栗は、2013年の参院選以降の国政選挙における教団サイドと自民党安倍政権との取引を仄《ほの》めかす。

「この8年弱の政権下によって、6度の国政選挙において私たちが示した誠意というものも、ちゃんと(安倍晋三)本人が記憶していた。こういう背景がございました」

つまり2013年の面談以降、統一教会は組織票支援だけでなく後援会結成や運動員派遣など様々な貢献を行い、その見返りが教団組織の体制保護であり、安倍のビデオメッセージ出演へつながったということだ。

安倍は2022年2月、韓国で開催された教団イベントにも祝電を送っている。

2022年の参院選では、安倍によって井上義行への教団票が差配された。

安倍元首相銃撃事件で「トカゲの尻尾切り」

総裁室での面談から9年後の夏の参院選の最中、社会を震撼させる重大事件が起こる。蜜月を築く統一教会と政界のキングメーカー安倍晋三。その状況が一変したのが2022年7月8日、安倍晋三元首相銃撃事件だった。

事件の背景に安倍と統一教会との関係があったことが大手メディアで報じられたのは、安倍の弔い戦として自民党が大勝した参院選翌日だった。統一教会による甚大な被害が継続し、政界の深部まで反社会的な教団に浸食され多くの政治家が不適切な関係を持ってきたことをメディアが一斉に報じた。

危機感を抱いた自民党は、現役国会議員への簡易な自己申告点検を行い、早期の幕引きを図る。

8月、自民党は党籍のある現役国会議員に対し自己申告式の「点検」を行った。だが「党として組織的な関係は一切ないことはすでに確認済み」と組織ぐるみの関係性については書かないよう足枷をし、一番重いものでも選挙協力依頼の有無という緩い項目しかない内容のアンケートを取っただけだった。「秘書等の斡旋」「誰の指示で参加したのか」など本来の調査であれば訊くべき設問すらなかった。亡くなった安倍や衆院議長として党籍を離れていた細田博之も対象外だった。翌9月、茂木《もてぎ》敏充幹事長が党所属国会議員379人中179人に接点があったとして121人の名前を公表。10月に党として実質的に関係を断絶することを謳《うた》ったガバナンスコードを発表、全国の党組織に通知した。

長年にわたる「共犯関係」にあったにもかかわらず、統一教会だけを悪者として排除したことになる。いわば「トカゲの尻尾切り」である。

だが、そんな対応をした自民党であっても教団にとって命綱であることには変わりがない。2023年6月、日本の状況に業を煮やした韓鶴子が、日本の教団幹部を叱責した。

「日本の政治家たちは統一教会に対して何たる仕打ちなの？　家庭連合を迫害しているじゃない。政治家たち、岸田（文雄）をここに呼びつけて教育を受けさせなさい」

解散命令請求と統一教会のリーク

そんな女帝の憤りに構うことなく2023年10月、岸田政権は統一教会への解散命令を東京地裁へ請求した。

すると2023年12月から2024年2月にかけて、岸田首相や林芳正官房長官が過去に教団関係者と会っていたことや、盛山正仁文科相が衆院選で協定確認書にサインしていたことを暴露するリークが続いた。解散命令請求への意趣返しだったわけだが、この時、教団内では協定確認書を取り交わした国会議員約100人の名前と証拠写真をすべて暴露する動きもあった。だが、完全に自民党を敵に回すことへの反対意見が多く取り止めになったという。

自民党の参院幹事長だった世耕弘成は、2022年10月の参院本会議での代表質問で「『日本人は贖罪を続けよ』と多額の献金を強いてきたこの団体の教義に賛同する自民党議員は一人もいない」と述べているが、それが多くの自民党議員の本音だろう。保守層からも忌み嫌われている統一教会の立ち位置を示している。

自己申告点検とガバナンスコード通知によって自民党国会議員への統一教会の浸食は解消されたことになっている。両者の「歪《いびつ》な共存関係」は一見、取り除かれたように見える。だが現在も統一教会から秘書等が派遣されたままの議員は存在しているとみられ、一部の国会議員事務所には統一教会関係者が入り込んだままだと指摘されている。

地元の支援者の一人としてアプローチする統一教会関係者を断ることは、地盤の弱い政治家にとって難しい。統一教会に関する報道もほとんどなく、問題性が認識されづらくなっていたこともある。票田としてだけではなく、無償で運動員や秘書を派遣する統一教会や世界平和連合との関係を受け容れる政治家が一定数存在していた。反社会的な団体とは関係を持つべきでないという政治家としての清廉潔白さが問われている。

自民党に見捨てられた格好の統一教会にとっては苦難が続く。

2023年10月の解散命令請求後、2024年2月には解散命令請求の審理における必要な手続きとして東京地裁で審問が開かれた。3月には関連した過料の審理で地裁が支払いを命じる決定を出した。8月には教団側の抗告を東京高裁が棄却。10月には2度目の審問が開かれ、地裁の解散命令の判断が近付いているという状況だ。

統一教会は解散命令を逃れようと多方面にスラップ訴訟（威圧訴訟、恫喝《どうかつ》訴訟）を濫発しており、統一教会の問題を追及する私に対しても教団サイドから3件、計3300万円の請求を求める訴訟が起こされている。だが、教団がどう足掻《あが》いても解散命令は避けようがない。

次の政権へ継承されるか

岸田総裁は、統一教会と自民党議員の関係について2022年8月以降「未来に向けてこの団体との関係を断つよう徹底していくことが重要だ」と繰り返し発言してきた。一見、正当なことを言っているように聞こえるが、これは過去の検証をしないということである。自民党が簡単な点検で済ませた背景には、長年にわたる自民党と統一教会との関係について綿密な調査をすると、どこを調べても藪蛇《やぶへび》になってしまうとの懸念があったのだろう。

岸田は総理大臣としては解散命令を請求するなど厳しい対応を取った一方で、自民党総裁としてはかなり緩い対応に終始した。

岸田首相の退陣表明を受けて行われた自民党総裁選について、教団内では「総裁選が教団の摂理にとってターニングポイントになる」といわれていた。解散命令を請求した岸田政権から教団に融和的な政権に替われば、対応も変化すると思っていたのだろう。

冒頭で述べた朝日新聞のスクープの同日、TBS『NEWS23』での総裁選候補者の討論会の場で、小川彩佳キャスターが全候補者に朝日新聞のスクープを示し、統一教会との関係についての再調査の意思について挙手を求めたところ、ほぼ全員が無反応だったなか、石破茂だけは手を挙げかけたように見えた。

石破政権が今後、どう対応していくのかも注目していきたい。岸田政権による統一教会への姿勢を堅持しつつ、党内に対して歴史的な両者の関係性やその経緯を踏まえ改めて検証する方向で舵《かじ》を切るのか。

何が問題なのか

改めて論点を整理しておこう。

個々の政治家に統一教会との接点だけを申告させても無意味だ。個々の接点がどのようにつながっていったのかを調べない限り、全容は掴《つか》めない。

事は自民党内だけには収まらない。2016年と17年に行われた首相官邸での面談。また、2013年の参院選では北村が統一教会地区教会2カ所で極秘講演していたことがわかっているが、その「仕切り」役が菅義偉官房長官だったと北村の選対責任者が証言していたとの情報もある。菅の関与や首相官邸での密会からは首相官邸・政府として統一教会と関わっていた疑惑も浮かび上がる。国会の国政調査権を発動して調査すべき問題だ。

総裁応接室での面談については、反社会性の強い団体のトップを招き入れた責任についても問われるべきである。2009年に霊感商法販社が摘発された際、引責辞任した徳野英治が再度会長に復職したのが２０１２年12月、総裁室での面談の半年前だ。

また、東京都町田市にあった統一教会系霊感商法店舗「ポラリス」の信者販売員が特商法違反で逮捕されたのは２０１０年7月である。そこから3年経たないうちに、霊感商法を組織的に行ってきた教団のトップと自民党総裁が党本部総裁室で面談していたのだ。反社会性の強い組織のトップと自民党のトップによる面談は道義的問題としても看過できるものではない。

これまで安倍と統一教会を結び付ける明確な証拠は、２０２１年に統一教会系のオンライン集会で上映されたビデオメッセージしかなかった。面談写真と内部ＦＡＸは安倍自身が統一教会に特定候補者の組織票依頼を行い、その引き換えに反社会的な教団の体制保護を担保したことを裏付ける決定的な証拠である。自民党が組織として統一教会と取引を行っていたことが否定できなくなった。個々の議員の接点のみを公開した自民党の調査がいかに不十分だったかがわかる。

この面談から始まった統一教会と自民党とのつながりが何を引き起こしたのか、一連の流れを徹底調査すべきである。政権中枢が統一教会にどんな便宜供与を行ったのか、なぜ日本では欧米諸国のようにＬＧＢＴやジェンダーに関する関連の法整備が進まなかったのか、国際勝共連合の改憲案と自民党の憲法改正草案が酷似しているのは偶然なのか、統一教会が政策決定にどの程度影響を及ぼしたのか、解明すべき点は多い。第三者委員会などを設置して徹底調査すべきであり、前述のとおり、首相官邸での密談疑惑からも国会において調査を行うべきである。

萩生田議員は関与を否定

統一教会と一定の距離を置いていた安倍と教団の仲を取り持った人物――。安倍と統一教会との関係を追及してきた私にとって、この政界ルートの解明が一連の疑惑の最後のピースだった。

では誰が安倍に統一教会を近付けたのか。「ある自民党の有力な国会議員」が安倍を統一教会幹部に引き合わせたことになるが、その人物は一連の状況からして萩生田だった可能性が高い。
安倍銃撃事件後、参院選で生稲晃子候補を八王子教会へ連れて行った経緯を訊かれた萩生田は、地元で付き合いがある世界平和女性連合と世界平和統一家庭連合の名称が似ていたが、あえて指摘しなかったと答えていた。だが、2019年の参院選最終日に秋葉原で萩生田を直撃取材した際、私が勝共連合について問うと世界平和女性連合の話で返し、さらに勝共連合のロビー活動について訊くと「最近は壺も売ってないしね」と統一教会の霊感商法の話題を返してきた。つまり萩生田は、勝共連合も世界平和女性連合も統一教会もすべて一体の組織だとわかっていたのだ。
私は、2013年当時の教団内部情報にあった「有力な議員」が萩生田だった可能性はかなり高いとみている。真偽を確かめるため、萩生田の事務所にFAXで質問を送った。

Q1．「自民党のある有力な国会議員」とは萩生田氏のことか
Q2．統一教会と距離を置いていた安倍首相と統一教会の仲を取り持ったという事実はあるか
Q3．自民党総裁特別補佐だった萩生田氏が面談に臨席した経緯
Q4．2015年8月の統一教会の名称変更を文化庁が認証した際、統一教会から政界への働きかけには「世界日報→下村博文氏ルート」と「勝共連合→萩生田光一氏ルート」の二つがあったと指摘されているが、このようなアプローチはあったか

萩生田事務所からは以下の回答があった。

A1．情報源の方が当方の名前を挙げたならお答えのしかたもありますが「自民党のある有力な国会議員」ですかと聞かれても当方からお答えしようがありません。一般論として当選3回の代議士を「有力な国会議員」とは呼ばないと思いま

す

A2．事実ではありません

A3．ご指摘の会合の記録がなく、内容や出席者も記憶しておりませんが、当時は様々な団体との総裁面会に陪席をする機会は多くあったのでそのうちの一つだと思います

A4．ありません

完全否定だが、萩生田の弁明を覆《くつがえ》す新たな証拠や証言が出ていない現状においては、これが限界だろう。

追及されていない大物政治家

自民党副総裁に就いた菅義偉についても全く追及されていない。菅は周辺に「統一教会は安倍さん案件だった。自分は安倍さんが対応できない時に替わりに対応しただけだ」と話しているという。まさに死人に口なしという構図だ。

他にも安全地帯にいる政治家は複数存在している。その一人が武田良太である（2024年10月の総選挙で落選）。安倍政権で国家公安委員長、菅政権で総務大臣を務めた大物だが、ほとんど報道すらされていない。追及されるべき大物政治家が何の説明責任も果たしていないのが現状だ。

もちろん、日本社会に多大な被害を齎《もたら》した統一教会に同情すべき点はない。だが、ある意味で共犯関係にあった自民党が統一教会だけを悪者にして逃げ切ろうとしている現状は道義的にも問題だと感じている。保身のために〝知らぬ存ぜぬ〟を決め込む政治家たち。統一教会問題を終わったこととして安心している自民党の大物政治家たちを逃してはならない。

（本文中敬称略）

特別インタビュー

Kenji Eda

江田憲司（立憲民主党・衆議院議員）

自民党と財務省が消費税を絶対に下げない理由

「財務省が財政危機を煽る理由は消費税を上げるため。法人税でもなく、所得税でもなく、それが消費税であるのは、財務省と自民党の『貸し借り』を抜きには語れません」

こう指摘するのは、元通産官僚で総理秘書官の経験もある立憲民主党・江田憲司氏だ。

取材・構成＝坂田拓也 フリーライター

10月の衆院選では8回目の当選を決めた

今年（２０２４年）４月22日の衆院予算委員会で、私は日本の財政と税制の問題を追及しました。この時の様子を一部配信したユーチューブのショート動画（江田けんじＴＶ「日本は世界一の資産大国!…増税、負担増の必要なし!」）は、実に５７１万回再生されました（10月24日時点）。

日本には莫大な資産があり、財政破たんすることはありません。一方で大企業と富裕層は担税力（税を担う力）があるのに税制優遇され、庶民の生活を苦しめる消費税の増税ばかりが繰り返されています。

ショート動画の再生回数が示すものは、財務省が財政危機を煽《あお》ることはまやかしであり、庶民だけに重税を押し付けている事実に、少なくない国民が気付き始めているということです。

財務省の「嘘」

日本の国と企業の金融資産は総計９７００兆円に上ります。およそ1京円です。個人（家計）金融資産は２１４０兆円、企業の内部留保は６００兆円まで増え、対外純資産は４１８兆円、外貨準備高は１８４兆円に達し、経常収支は20兆円の黒字です（数字の出典はすべて財務省）。

財務省はこの30年間、財政危機を煽り続けてきました。しかしそれは、借金ばかり強調して資産があることに触れない、きわめて恣意的な主張です。繰り返しますが、現時点で日本が財政破たんすることはあり得ません。

国債市場から見ても、日本の財政破たんリスクは低く推移しています。破たんに対する保険であるＣＤＳ（クレジット・デフォルト・スワップ）の料率は、低ければ低いほど破たんリスクが小さいことを示しています。日本は米国（0・38％）、英国（0・33％）、フランス（0・24％）より低い０・23％。国債市場は、日本の財政破たんリスクはほぼ０％だと考えているのです（２０２４年1月時点）。

重要な点は、私が国会で示した数字の骨格は、黒田東彦《はるひこ》・日銀前総裁が主張したものであることです。

日本の保有資金

個人（家計）金融資産	2141兆円
国全体の金融資産	9704兆円
企業の内部留保	570.7兆円
対外純資産	418.6兆円
外貨準備	184.5兆円
経常収支	20.6兆円

出典：財務省資料

２００２年、海外の格付け会社が日本国債の格付けをアフリカのボツワナ並みに引き下げた時、財務省は強く反発しました。当時、財務省財務官だった黒田氏は、海外の格付け会社３社に対して以下の趣旨の意見書を出しました。

日本は世界最大の貯蓄超過国であり、世界最大の経常黒字国であり、外貨準備も世界最高である。日本国債は、国内できわめて低金利で安定的に消化されている。そして日本や米国など先進国の自国通貨建て国債のデフォルト（債務不履行）は考えられない――。

財務省は海外に向けて「日本は財政破たんしない」と主張しているのに、国内では財政危機を煽っているのです。完全な二枚舌です。

財務省が財政危機を煽る理由は消費税を上げるためです。法人税でもなく、所得税でもなく、それが消費税であるのは、財務省と自民党の「貸し借り」を抜きには語れません。

自民党の「恩返し政治」

自民党は「多額の献金」と「組織票」に対して便宜を供与する、「恩返し政治」を続けてきました。

例年、自民党への献金額上位は大企業が加入している業界団体と、個々の大企業で占められています。

1位は日本自動車工業会で7800万円、2位は日本電機工業会で7700万円、3位は日本鉄鋼連盟で6000万円。以下、石油連盟5000万円、不動産協会4000万円と続きます。

個々の大企業は、自動車メーカーはトヨタ自動車5000万円、日産自動車3700万円、ホンダ2500万円。電機メーカーは日立製作所3500万円、パナソニックホールディングス2850万円。他に住友化学5000万円、キヤノン4000万円、東レ3000万円、日本製鉄2700万円……（2022年）。

個々の企業で目立つのは、歴代の経団連会長企業がずらりと並んでいることです。多額の献金をしなければ経団連会長になれず、一度なれば多額の献金を続けなければならないように映ります。

大企業による多額の献金に対する「恩返し」は、大企業に対する法人税の優遇です。

法人税の実際の負担率を企業規模別に見ると、資本金1000万円以下が14・6%、資本金1億～10億円以下が19・8%に上がります。企業規模が大きくなれば担税力が上がるため当然ですが、資本金100億円超の大企業の負担率は12・8%。中小企業よりも、零細企業よりも負担率が低いという、あり得ない状況なのです（財務省資料）。

しかも個々の大企業で見れば、法人税ゼロの企業もあり、3・0%、3・6%、3・7%……と、負担率がきわめて低い企業が並びます（『東洋経済』の「3年平均で法人税負担率が低い企業ランキング」2019年12月6日配信より）。

理由は、大企業に対して優遇税制が採られていることです。毎年末、自民党の税制調査会が様々な租税特別措置をつくり、大企業の税負担を軽減する結果、き

実際の法人税負担率

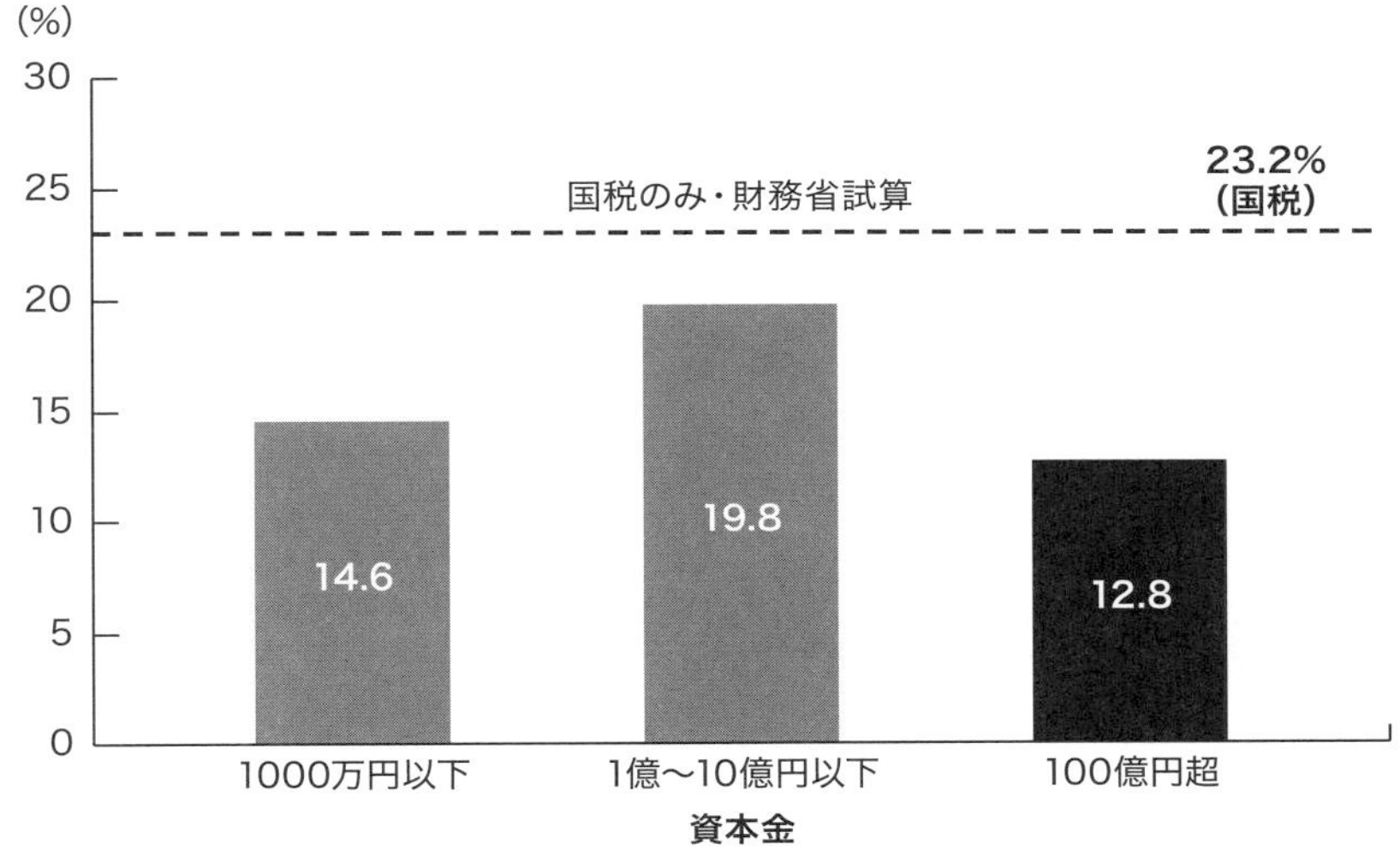

出典：財務省資料

わめて不公平な税制になっているのです。

自民党と財務省の「貸し借り」

最近問題になっている「1億円の壁」も同様です。所得税は所得が増えれば税率が上がる累進制が採用され、所得が1億円であれば28・2％まで上がります。しかし、所得が1億円を超えると負担率が逆に下がっていくのが「1億円の壁」問題です。

原因は、所得が1億円を超えると所得に占める株譲渡益や配当の割合が増えますが、その金融所得に対する課税は給与所得等と分離され、税率は20％に固定されているため。その結果、高所得者は負担率が下がっていくのですが、法人税と同様にこれもきわめて不公平です。

岸田文雄前首相は、総裁選（2021年10月）の時、この問題を解決すべく金融所得課税の強化を掲げました。直後に日経平均株価が急落し、メディアは課税強化に対する拒否反応だとして「岸田ショック」と騒ぎ

年収による所得税負担率の変化

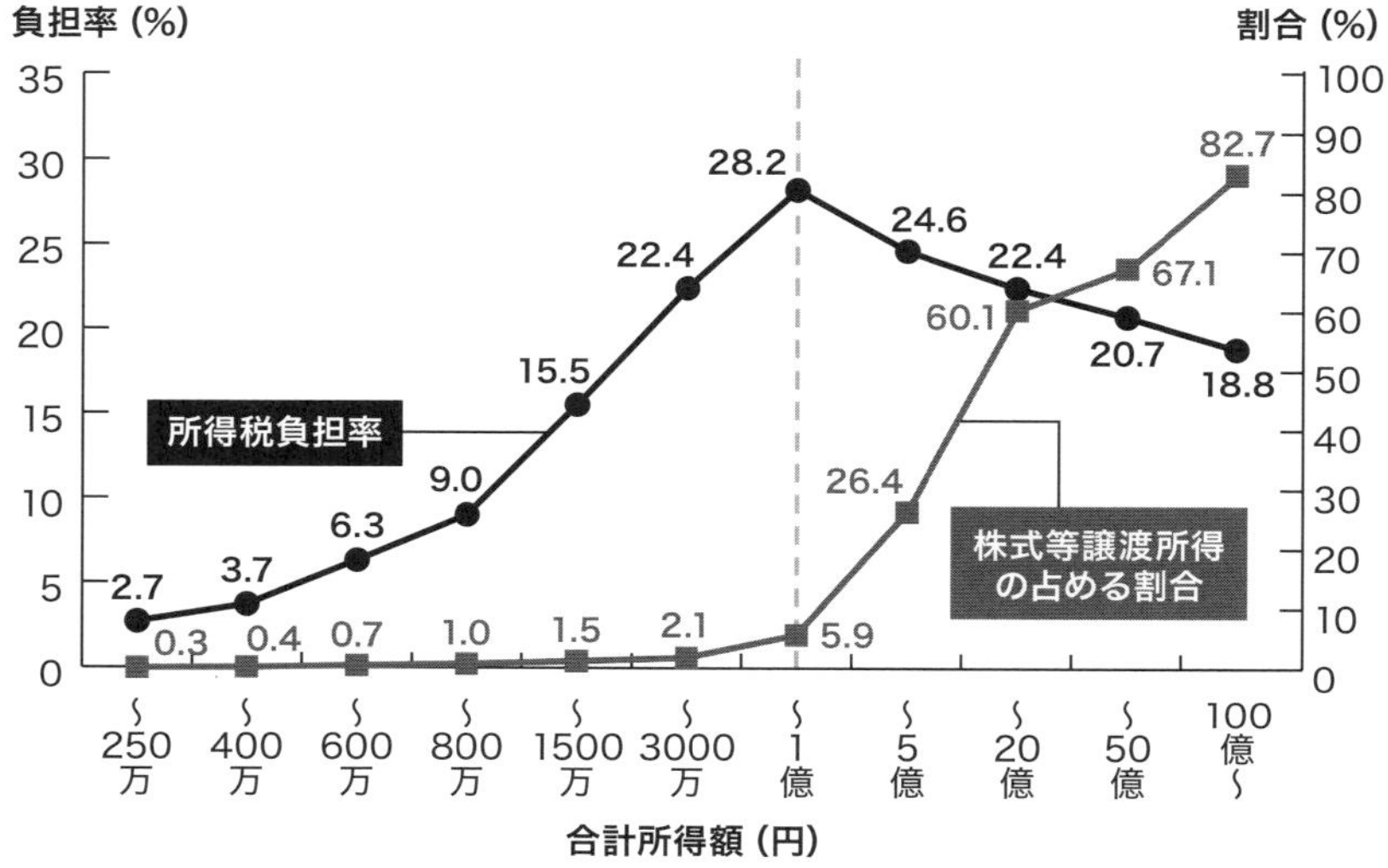

出典：財務省資料

ました。

実際の株価急落の要因は、金融機関の定期的な持ち高調整（季節売り）によるものが大半でした。課税強化に反発するはずの個人投資家はむしろ買い越し、海外投資家も若干ながら買い越したことが、のちの分析によって明らかになりました。

しかし、岸田首相は簡単に引き下がってしまった。それほど強い思い入れはなかったのかもしれません。金融所得課税の強化については証券会社が反対しています。前述の自民党に対する献金では、野村ホールディングスが3500万円、大和証券グループ本社が3200万円と、この分野でも大口献金が行われています。富裕層による献金も多額です。

自民党は大企業と富裕層の「多額の献金」と「組織票」に支えられ、その「恩返し」として法人税を引き下げ、富裕層への課税強化を回避しているのです。

財務省は、自民党が希望する法人税引き下げと富裕層への増税回避を呑む代わりに消費税を引き上げ、自民党はそこには触れません。これが「貸し借り」です。

歴史的に見ても、この「貸し借り」は一目瞭然です。1989年に消費税が導入された時、法人税（国税）の基本税率は40％でした。その後、消費税は増税が繰り返されて10％まで上がる一方、法人税は引き下げが繰り返され、現在は当時のほぼ半分である23・2％です。

自民党と財務省の貸し借りが続いてきた結果、基幹3税（所得税・法人税・消費税）のうち、消費税の歳入額が最も多くなり、23兆8000億円に上ります（2024年度一般会計当初予算）。庶民を苦しめる消費税の引き上げは、自民党にとっても財務省にとっても、一般国民は「サイレント・マジョリティー」（物言わぬ大多数）でしかないことを雄弁に語っています。

私は通産省（現・経産省）出身のため、より強く感じますが、財務省はきわめて政治的な役所です。

財務省の官僚は、東大法学部出身者で占められて主流を成しています。官僚として好んで付き合うのは大手メディアの政治部の記者であり、経済部の記者ではありません。財務省は他の役所と異なり、彼らから必要な政局の情報も取り、時には、その政局にも主体的に関わろうとします。

また財務省は、自民党政治家の要求に応じて予算を割き、その代わりに財務省の権限は温存され、天下り先等も確保されています。これも「貸し借り」です。日本は財政破たんしませんが、1000兆円を超える借金の額自体は巨額です。これは、自民党と財務省の歪《いびつ》な貸し借り勘定の結果、増えたとも言えるのです。

「江田潰し」画策の忠告

私は、財務省と真正面から闘った数少ない人間の一人だと自負しています。

1990年に通産省から首相官邸に出向した後、橋本龍太郎通産相の事務秘書官となり、1996年に橋本内閣が発足した時に総理大臣秘書官（政務担当）に就任しました。

私の最大の使命は「大蔵省（現・財務省）の改革」でした。

当時、大蔵省の役人と日銀の職員が、管轄下の金融機関から過剰な接待を受けて金融行政が歪《ゆが》められている問題が発覚しました。橋本首相はこれを受け、大蔵省改革を中心とした中央省庁再編に着手しました。

当然、大蔵省をはじめとした省庁は、自分たちの権益縮小に抵抗します。慣例で当時、大蔵・通産・外務・警察の4省庁が総理秘書官を送り込んでいましたが、彼らには「母屋」（省庁）があり、情報が筒抜けになる可能性がありました。そこで私は彼らとの間に壁をつくり、橋本首相と小里貞利総務庁長官と3人で話し合って大蔵省改革をはじめとする中央省庁再編を進めたのです。

各省庁がこの体制を快く思うはずはなく、大蔵省は「江田潰し」を画策し、大手メディアにネガティブ情報をリークしている――理解ある周囲に何度も忠告されました。

私は官僚出身で金銭スキャンダルはなく、当時は独身だったため女性問題もありません。大手メディアに攻撃されたのは「態度がデカい」という一点でした。

旧官邸には、寝っ転がって対応するスペースはありませんでしたが、「江田は客に寝っ転がって対応した」と捏造され、私が橋本首相と親密であることから、「官邸の森蘭丸」とも書かれました（織田信長に仕えて本能寺の変で信長とともに17歳で討死した蘭丸は信長と男色の関係にあったといわれている）。

そんな逆風のなか、大蔵省を財務省と金融庁に分割することはできたのですが、金融危機の〝波〟に呑まれてしまいます。

バブル崩壊後の金融機関の不良債権問題は深刻となり、1997年に三洋証券と北海道拓殖銀行が経営破たんしましたが、続く山一證券の自主廃業はきわめて不可解でした。

山一證券の野澤正平社長がのちに明かしたところでは、大蔵省の長野厖士《あつし》証券局長に初めて簿外債務を説明した時、山一證券のことは「大き過ぎて潰せない」という方向だった。それが翌週に一変して、自主廃業を迫られたというのです。

1997年11月22日の深夜午前2時、省庁再編を中心とした行革会議の最終報告会見が始まりました。この記者会見が続いていた午前3時過ぎ、日経新聞が「山一廃業」の速報を打ちました。リークしたのは大蔵省であり、まさに会見を妨害し、省庁再編を潰しにかかったとも言えるタイミングでした。

ある官邸幹部は酔った勢いで私に電話をかけてきて「これは大蔵省の陰謀だ!」と言い放ちました。

結果として、橋本内閣は金融危機への対応を最優先せざるを得なくなりました。

「大蔵改革なくして行革なし」と言われ、当初は大蔵省の財政と金融を完全に分離するため人事の遮断を決めましたが、それは果たされませんでした。金融庁長官は、初代こそ検察官出身の日野正晴氏が就きましたが、2代目から現在の14代目まで全員、大蔵省(財務省)出身者が就いており、分離が十分に果たされたとは言えないのです。そして橋本内閣は金融危機により退陣に追い込まれました。

小泉政権と安倍政権

自民党の歴代政権は財務省と良好な関係を築いてきましたが、なかでも2001年4月に発足した小泉純一郎政権は、財務省と二人三脚でした。

小泉氏は「郵政民営化」を掲げ、郵政族議員を敵に回し郵政省と対峙しましたが、財務省にとって郵政民営化は長年の悲願でした。国家予算を司る財務省にとって、その枠外で郵政省(現・総務省)が郵便貯金と保険という巨額の資金を握っている——。それは財務省にとって放置できることではありませんでした。

小泉政権では、竹中平蔵氏が経済財政諮問会議を上手に使って官邸主導の政治を進めましたが、財務省とは蜜月だったのです。だからこそ、小泉政権は1980日の長きにわたって続いたのだと思います。

2012年12月に第二次安倍政権が発足した後、「結《ゆ》いの党」を結成した私は首相官邸に挨拶に行きましたが、安倍さんと菅義偉《よしひで》さんが対応してくれましたが、安倍さんは、私が実行した大蔵省改革を熱心に聞いてきて、予定の30分を過ぎるほどでした。安倍さんは、財務省への向き合い方を真剣に考えていたのです。

安倍政権の下で、日銀は大規模金融緩和に踏み切りました。もともとみんなの党の公約でしたが、大規模緩和はあくまでもカンフル剤です。それが効いているうちに成長戦略を実行しなければなりませんでした。しかし実行できないまま、カンフル剤を2本、３本、4本と打ち続けるうちに、副作用ばかりが生じ、金融政策は隘路《あいろ》に陥りました。

最大の問題は、安倍さんが消費税の増税を2回も行ったことです。２０１４年4月に8%へ引き上げたのは、民主党の野田佳彦前政権との約束でした。その後、安倍さんは10%への増税を2回にわたって延期しましたが、結局、２０１９年10月に引き上げました。

カンフル剤を打ってアクセルを踏んでいる間に、消費税増税というブレーキを踏めば、アベノミクスの効果は減退してしまいます。安倍さんも当然わかっていたはずですが、最後は財務省に抗しきれなかったように映ります。

消費増税への「詭弁」

消費税を増税する時、または国の借金問題を持ち出す時、財務省が持ち出す理屈には問題が少なくありません。

１９８９年に消費税を導入する際、大蔵省は「直間《ちょっかん》比率の是正」を掲げました。諸外国に比べて直接税（法人税・所得税等）の割合が高いため、間接税（消費税等）の割合を引き上げるべきという理屈です。しかし、その後の消費税増税により直間比率は是正されたため、今度は、財務省は「消費税は社会保障の財源とする」と言い出しました。

しかし、所得の再分配機能を持つ社会保障の財源として、低所得者ほど重税感が強まる消費税を上げることは矛盾しています。しかも、消費税を社会保障へ充てるのであれば特別会計をつくって区分経理すべきですが、消費税は一般税のままです。そもそも、基幹税

財務省との蜜月関係のもと５年以上続いた小泉政権。右はブレーンだった竹中平蔵氏

である消費税を社会保障に充てると謳《うた》っている国は皆無です。

財務省は、現在の国の借金は私たちの子孫に負担を押し付けるものだと主張していますが、これは事実ではありません。

仮に、日本国債を海外の投資家が引き受けている場合は、国債が償還される時に資金が海外に流出してしまうため、現在の借金は、私たちの子孫に押し付けることになります。しかし、日本国債の発行残高は約１０６０兆円に上りますが、９０％以上が国内で消化されています（２０２４年６月末）。例えば、私が１００万円の日本国債を買い、それが相続されれば、国債が満期になった時に私の子どもには１００万円が償還されます。この場合、借金（国債）は、子や孫たちへの「つけ回し」ではなく「仕送り」なのです。借金（国債）は国内で消化されている限り、国にとっては負債になり、国民にとっては資産になるのです。当たり前のことです。

現時点で日本が財政破たんすることはあり得ない、

と私が国会で追及した時、岸田首相は「歳出歳入の面から見直しを今後も徹底し、財政健全化に務めていきたいと考えております」と、木で鼻をくくったように答弁しました。自民党の歴代総理と歴代財務大臣は、こうした財務省の主張を棒読みするだけです。

消費税を社会保障に充てるという理論も、現在の借金は子孫へのつけ回しだという主張も、考えれば間違っていることはすぐにわかります。しかし自民党や野党の一部の政治家は思考停止に陥り、財務省の意のままなのです。

大手メディアの「大罪」

法人税をめぐる自民党の主張にも問題があります。従来、大企業が法人税の低い国に逃避することを防ぐ目的もあり、先進国では法人税の引き下げ競争が起きてきました。日本でも法人税を引き下げなければ国際競争に勝てないという主張が通ってきました。

しかし、引き下げ競争はすでに終わっています。米国では２０２０年8月にインフレ削減法が成立し、10年間で３０００億ドル（1ドル＝１４５円換算で43兆５０００億円）の財政赤字を削減するために、大企業へ15％のミニマム課税（最低限の課税）が導入されました。英国では２０２３年4月に、年間利益25万ポンド（1ポンド＝１９０円換算で４７５０万円）以上の企業の法人税が19％から25％に引き上げられました。英国の法人税増税は半世紀ぶりのことでした。

引き下げ競争が終わったのは、ＯＥＣＤ（経済協力開発機構）による租税回避阻止の枠組みができたことと、コロナ禍の財政出動による財政悪化を埋めるためです。しかし、私が今年4月の国会で、国際潮流である超大企業の法人税引き上げを求めた時、岸田首相は答えませんでした。

それどころか最近は、法人税引き上げは賃上げの足を引っ張るという主張が出てきましたが、これも不可解です。企業の内部留保は６００兆円を超え、過去最高を更新しました（２０２４年6月末の利益剰余金）。企業が利益を貯め込むのは、利益に対して課税される法

英国の法人税増税（半世紀ぶり／2023年4月～）

企業の年間利益	法人税
25万ポンド以上	19%⇒25%
5万ポンド超25万ポンド未満	25%未満
5万ポンド以下	19%据置き

⇒「累進税率の導入」
⇒年間180億ポンドの税収増

人税率が低いためです。法人税を引き上げれば企業は課税を嫌がり、賃上げをしたり、設備投資をしたりするのです。少なくとも、法人税引き上げが賃上げの阻害要因になることはありません。

自民党が法人税を引き下げてきたのは経済合理性に基づいたものではなく、大企業に対する「恩返し」であり、目的や理屈は後付けであるため、不可解な説明となるのです。そして「引き下げありき」のため、国会で追及しても真正面から答えず、議論になりません。

現在の借金は子孫へのつけ回しだと聞けば、国民は何か罪悪感を覚えます。そして、消費税増税は社会保障の財源のためだと聞けば、高齢者は納得しがちです。法人税引き上げは賃上げの足を引っ張ると聞けば、サラリーマンは引き上げに反対するかもしれません。

本来、これらの主張が間違いであることはメディアに報じる責務があるはずですが、大手メディアは財務省の意に反することは取り上げません。

私が国会で追及した際のショート動画が571万回再生されたことは前述しました。これだけ再生されればニュース価値はあると思いますが、その夜のテレビのニュースでも、翌日の新聞でも取り上げられることはありませんでした。総じて、私がこれまで国会で追及した財政や税制等の問題が、メディアに取り上げられたことはありません。

大手メディアは記者クラブ制度の下、財務省に嫌われてしまえば、肝心の情報が取れなくなります。「特落ち」は記者にとっては致命傷です。政治的根回しも行われるため、財務省の言い分を垂れ流すだけなのです。

日本人の人口1億2400万人から見れば、ショート動画の571万回再生もごく一部でしかありません。自民党と財務省の問題をより広く伝える必要がありますが、大手メディアにはあまり期待できないのです。

このままでは日本が朽ちていく

1990年代まで「昔、陸軍、今は大蔵省」と言われ、大蔵省は最強官庁として権力を握っていました。1990年代後半の接待スキャンダルにより、中央省庁が再編されて2001年に大蔵省は財務省に名を変えました。小泉政権では官邸主導の政治が進み、官僚の影響力が低下したともいわれました。

しかし自民党政治の下で、政治家・官僚・財界のトライアングルの大枠は変わっていません。現在も、財務省は国家予算の編成権を握り、国税庁を傘下にして、政治家や大手メディアへの影響力は落ちておらず、財務省に勝る組織は官にも民にも存在しません。

誰が政権を握っても財務省との関係を切ることはできません。しかし、その距離の取り方は難しく、遠ざければ政権は維持できませんが、財務省の論理に乗れば、国民本位の政策は機能しないでしょう。

財務省の論理に乗る政権運営とは、企業に例えれば、経理部出身者が社長、専務、常務……と経営トップを占めているようなものです。一時的に経営は安定するかもしれませんが、将来を切り拓く成長に資するものではありません。成長する企業というものは、企画部や技術開発部、営業部などが元気な企業なのです。

国の運営も同様で、財政の論理と並立して、経済成長、社会保障、外交・安全保障等の論理があり、トップリーダーたる者、その時々の状況に応じて、優先順位をつけて注力する必要があるのです。

日本の個人（家計）の金融資産が2140兆円に上ることは前述しました。1億人で単純に割れば一人2000万円。家族4人で8000万円に上りますが、タウンミーティングで参加者に聞いても、この額の資産を持つ人はほぼいません。しかし、富裕層にせよ、あるところにはあるのです。

法人税を英米並みに引き上げ、所得税を公平にするだけで14兆～15兆円の財源が生まれます。この財源があれば、消費税を時限的に5％に引き下げることもできるし、大学への研究費の助成、教育の無償化、イノベーション（技術革新）のための投資等、日本が成長していくためにも使えるのです。

しかし、自民党の恩返し政治がつくってきた旧態依然とした予算は、「根雪」（長期積雪）のように積もっています。根雪は春が来れば溶けますが、その岩盤予算に春が来ることはなく、新規分野にそれが振り向けられることはないのです。そして、こうした財務省と自民党の貸し借り関係が続く限り、消費税が減税されることもあり得ません。

不公平で合理性のない自民党と財務省一体の政治がこのまま続けば、日本は朽ち果てていくほかないのです。

えだ・けんじ……1956年生まれ、岡山県出身。東大法学部卒業後、79年に通産省（現・経産省）入省。資源エネルギー庁、官房総務課などを経て米ハーバード大留学。90年、首相官邸に出向して内閣副参事官として海部俊樹・宮沢喜一両内閣で総理演説と国会を担当。通産省に復帰して産業政策局総務課長補佐、経済協力室長を経て、94年の村山富市内閣発足と同時に橋本龍太郎通産相の事務秘書官。96年の橋本内閣発足とともに首相秘書官（政治・行革担当）に就任し、98年の橋本首相辞職とともに退職。ハワイでの「晴泳雨読」生活を経て、2002年に衆議院議員初当選。みんなの党幹事長、結いの党代表、維新の党代表、民進党代表代行を経て、20年に立憲民主党代表代行。22年に衆院決算行政監視委員長。現在、衆議院議員8期。

▼日本の高級官僚と在日米軍高官による「日米合同委員会」

石破首相が改定を示唆「日米地位協定」を支配する〝密約機関〟

日本の高級官僚と在日米軍の高級軍人で構成される日米合同委員会。ここでの密室合意が、「憲法体系」の及ばない闇の領域から巨大な効力を密かに発し、日本の主権を侵害している異常事態が続いている。

文＝吉田敏浩｜ジャーナリスト

日米合同委員会が開かれるニューサンノー米軍センター（撮影：吉田敏浩）

2024年10月1日、石破茂内閣が発足した。石破首相は自民党総裁選で日米地位協定の改定を訴えていた。しかし、限りなくトーンダウンしている。

所信表明演説では地位協定の改定についてまったくふれず、衆参両院の代表質問でも「一朝一夕で実現できると思っていない」とたちまち棚上げ、後ろ向きの答弁に終始した。その背景には、おそらくアメリカ側からの否定的反応、外務省や防衛省の官僚機構の冷ややかな視線などがあるとみられる。

例えばアメリカ政府のリアクションの一端を、『時事通信』2024年10月1日配信の記事「地位協定改定、取り合わぬ姿勢　石破氏の外相・防衛相人選に安堵―米」は、こう報じている。

石破首相は首相就任の直前、アメリカの保守系シンクタンク「ハドソン研究所」のウェブサイトに寄稿した論文で、「アジア版NATO（北大西洋条約機構）の創設」、「地位協定改定や米領グアムへの自衛隊駐留」を提案した。しかし、「地位協定の再交渉」（改定）について、「あるアメリカ政府当局者」は「われわれは興味も意欲もない」と断言し、アジア版NATOも「実現不可能だ」と「けんもほろろ」だった。

この「あるアメリカ政府当局者」とは、知日派の日米安保・同盟政策に強い影響力を持つ「ジャパンハンドラー」とも呼ばれる人物であろう。日本に長年、強固な基地ネットワークを築き、アジア・西太平洋から中東までを睨《にら》んで、フリーハンドの基地使用と軍事活動の特権を有する米軍にとって、米軍優位の地位協定を改めるメリットはない。ジャパンハンドラーたちの発言には、当然そうした米軍の意向が反映されているはずだ。

米軍優位の不平等な日米地位協定

地位協定は米軍の駐留を認めた日米安保条約に基づく両政府間の協定で、全28条ある。日本における米軍と米軍人・軍属とそれらの家族の権利など法的地位を定めたものだ。米軍側に多くの特権を認めている。

基地の場所が限定されず、日米合同委員会（日本の高級官僚と在日米軍の高級軍人から成る密室の協議機関。後述）で合意すれば、原則として日本のどこにでも基地が置ける。「全土基地方式」と呼ばれ、しかも国会を関与させずに日米合同委員会の密室で決めてしまう。

米軍は基地の運営などに「必要なすべての措置をとれる」強力な排他的管理権を持つ。そのため、犯罪事件の被疑者の米兵が基地に逃げ込んでも、警察は米軍の許可なしには立ち入って捜査できない。基地から有害物質が漏出するなど環境汚染が生じても、自治体や政府当局者は米軍の許可なしには立ち入り調査もできない。いずれの場合も許可を得るのはきわめて困難だ。

米軍は基地返還の際の原状回復やそれに代わる補償の義務を負わない。だから環境汚染防止に後ろ向きだ。また米軍は日本の出入国管理に服さず、出入国自由である。

米軍基地周辺の住民による米軍機騒音訴訟でも、米軍機の爆音が騒音公害の発生源で、その違法性が認められ、損害賠償も認められるのに、米軍機の飛行差し止めは認められない。基地の排他的管理権を持つ米軍の活動に日本政府の規制は及ばないから、差し止めはできないと裁判所は判断する。全国各地での米軍機の危険な低空飛行訓練も野放しだ。

このような状態で、はたして日本は真の独立国、主権国家といえるのか。米軍の基地使用と軍事活動に対し日本の行政権も、司法権も及ばない。米軍優位の不平等な地位協定によって、米軍の事実上の治外法権が保障されているのである。

地位協定の前身は日米行政協定といい、1952年4月28日に対日講和条約（サンフランシスコ講和条約）、日米安保条約とともに発効した。米軍は占領軍から駐留軍へと国際法上の立場を変えた。1960年の安保改定で日米地位協定と改称したが、占領時代の米軍の特権を引き継ぐという本質は変わらない。

日米合同委員会の全貌と密室協議

そして、その米軍の特権をより強固なものとする裏の仕組みがある。日米合同委員会の密室協議による秘密合意、すなわち密約である。日米合同委員会は日本の高級官僚と在日米軍の高級軍人から成り、地位協定の運用に関する協議機関だ。名前だけは知られているが、その実態は謎に包まれている。

日本側代表は外務省北米局長で、代表代理は法務省大臣官房長、農林水産省経営局長、防衛省地方協力局次長、外務省北米局参事官、財務省大臣官房審議官。

アメリカ側代表は在日米軍司令部副司令官、代表代理は在日米大使館公使、在日米軍司令部第五部長、在日米陸軍司令部参謀長、在日米空軍司令部副司令官、在日米海軍司令部参謀長、在日米海兵隊基地司令部参謀長。

この13名で本会議を構成し、その下に施設・財務・労務・出入国・通信・民間航空・刑事裁判管轄権・環境など計26の分科委員会や特別分科委員会、建設・港湾・陸上演習場など計10の各種部会があり、各部門を管轄する各省庁の高級官僚らと在日米軍司令部の高級将校らが委員を務める。人数は非公開だ。全体を日米合同委員会と総称する。

米軍基地の場所の決定と提供、各種施設の建設、米軍機の訓練飛行や航空管制、米軍が使う電波の周波数、米軍関係者の犯罪、基地の環境汚染、基地の日本人従業員の雇用など様々な問題を協議する。

分科委員会や部会で実務的な協議を経て合意された事項が、本会議で承認され、政府間の正式な合意となる。文書はすべて英語で、必要に応じて日本側が仮訳文をつくる。アメリカ側の事務局は横田基地の在日米軍司令部に、日本側の事務局は外務省北米局日米地位協定室に置かれている。文書はそれぞれの事務局で保管する。

日本側はすべて文官の官僚だが、アメリカ側は大使館公使を除きすべて軍人である。国際協議としては通常あり得ない組み合わせで、アメリカ側は軍事優先で協議に臨む。地位協定は基地の排他的管理権など米軍に多くの特権を認めており、それを大前提に協議する以上、米軍側に有利な合意となるのが実態だ。

本会議は毎月隔週の木曜日、外務省の会議室と、ニューサンノー米軍センター（都内の米軍関係者の宿泊施設）

の在日米軍司令部専用の会議室で交互に開く。分科委員会や部会は外務省や在日米軍施設などで、必要に応じて開く。

関係者以外は立ち入り禁止の密室協議で、議事録・合意文書は原則非公開である。情報公開法による文書開示請求をしても不開示とされ、国会議員にさえも非公開とされる。合意の要旨は一部、外務省や防衛省のホームページなどで公開されるが、米軍に有利な内容が削除されることもある。

そのため、法務省や最高裁などの秘密資料・部外秘資料（法務省刑事局の『秘　合衆国軍隊構成員等に対する刑事裁判権関係実務資料』、最高裁判所事務総局の『部外秘日米行政協定に伴う民事及び刑事特別法関係資料』など）、在日米軍の内部文書、アメリカ政府の解禁秘密文書などの調査を通じて、実態を探るしかない。

資料・文書の調査で判明した12の密約

これらの資料・文書の調査により、日米合同委員会では、日本の主権を侵害し米軍の特権を認める密約が結ばれていることがわかった。その数と全貌《ぜんぼう》は不明だが、わかっているだけでも以下のとおりである。

①民事裁判権密約（1952年）

米軍機墜落事故などの被害者が損害賠償を求める裁判に、米軍側は「合衆国の利益を害する」情報などは提供しなくてもよく、そうした情報が公になりそうな場合は米軍人・軍属を証人として出頭させなくてもいい。

②日本人武装警備員密約（1953年）

基地の日本人警備員に、銃刀法上は認められない銃の携帯をさせてもいい。

③裁判権放棄密約（1953年）

米軍人・軍属・それらの家族の犯罪事件で、日本にとって著しく重要な事件以外は第一次裁判権を行使しない。

④身柄引き渡し密約（1953年）

米軍人・軍属の犯罪事件で、被疑者の身柄を公務中かどうか明らかでなくても米軍側に引き渡す。

⑤公務証明書密約（1953年）

米軍人・軍属の犯罪事件で、米軍が発行する公務証明書を、起訴前の段階でも有効とみなし、公務中として日本側が不起訴にする。

⑥秘密基地密約（1953年）

軍事的性質によっては、米軍基地の存在を公表しなくてもいい。

⑦米軍機アルトラブ密約（1959年）

民間機を締め出す空域制限をして、米軍機の訓練や空中給油を伴う編隊移動などのため、専用の軍事空域「アルトラブ」を提供する。

⑧富士演習場優先使用権密約（1968年）

自衛隊管理下で米軍と自衛隊の共同使用になった富士演習場を、米軍が年間最大270日優先使用できる。

⑨航空管制委任密約（1975年）

「横田空域」と「岩国空域」の航空管制を、法的根拠もなく米軍に事実上委任する。

⑩航空管制・米軍機優先密約（1975年）

米軍機の飛行に、日本側が航空管制上の優先的取り扱いを与える。

⑪米軍機情報隠蔽密約（1975年）

米軍機の飛行計画など飛行活動に関する情報は、日米両政府の合意なしには公表しない。

⑫嘉手納ラプコン移管密約（2010年）

「嘉手納進入管制空域」の日本側への移管後も、嘉手納基地などに着陸する米軍機をアメリカ側が優先的に航空管制する。

なお密約名は、秘密合意の本質を表すために私がつけたものだ。合意文書は事務的な名称で、例えば「航空管制委任密約」と「航空管制・米軍機優先密約」の場合は、「航空交通管制に関する合意」である。

日本の主権を侵害する密約

日本の主権を侵害する代表的な密約が「航空管制委任密約」で、首都圏の空を覆《おお》う「横田空域」と関係している。

横田空域は東京、神奈川、埼玉、群馬、栃木、福島、

新潟、長野、山梨、静岡の1都9県に及ぶ広大な地域（南北で最長約300キロ、東西で最長約120キロ）の上空に、最高高度の約7010メートルから、約5486、約4876、約4267、約3657、最低高度の約2438メートルまで、6段階の高度区分で立体的に設定されている。日本列島の中央をさえぎる巨大な「空の壁」だ。

横田基地の米軍が航空管制を握り、この空域では民間機の通過を制限している。羽田空港や成田空港に出入りする民間機で、横田空域を通過する定期便ルートは、空域の東端をかすめる羽田新ルート以外にはない。

羽田空港を使う民間機は、急上昇して横田空域を飛び越えたり、迂回《うかい》したりする非効率的な飛行を強い《し》られる。発着便の混雑時には、迂回してきた着陸機が行列をなす空の大渋滞も起きる。飛行時間が長引き、衝突事故などのリスクも高まる。民間機の安全で効率的な運航を阻害する軍事空域だ。

日本の領空なのに、日本の航空管制が及ばず、管理できない。空の主権を米軍に制限・侵害された、一種の「占領状態」ともいえる。

「航空管制委任密約」の存在は、1983年作成の外務省機密文書『日米地位協定の考え方・増補版』（地位協定の運用を解説した外務官僚用の内部文書。琉球新報が入手して報道）で、次のように言及されている。

〈米軍による右の管制業務は、航空法第九六条の管制権を航空法により委任されて行っているものではなく、合同委員会の合意の本文英語ではデレゲートという用語を使用しているが、これは『管制業務を協定第六条の趣旨により事実上の問題として委任した』という程度の意味〉

地位協定第六条は、民間用と軍事用の航空管制の「協調及び整合」を図り、必要な手続きを「両政府の当局間」で取り決めるとしている。その取り決めが日米合同委員会の「航空交通管制に関する合意」（1975年5月8日付）である。

しかし、米軍による航空管制は「事実上」の「委任」で、法令上の委任ではない。「事実上」とは正式ではないが、実際に行われていることを黙認する場合に使われるものだ。

日本の航空管制は航空法という国内法令に基づき国土交通省の航空管制官が行う。例外的に自衛隊基地の飛行場とその周辺の航空管制は自衛隊に委任できる。しかし、外国軍隊である米軍に委任できる規定は航空法にはない。地位協定にもそのような規定はない。

つまり、正式な法的根拠がないのに、地位協定第六条の「趣旨」を汲んで、米軍の占領時代からの既成事実として、「事実上」の「委任」をしたということである。

横田空域は民間機の安全かつ効率的な運航を阻害している。したがって、地位協定第六条の民間用と軍事用の航空管制の「協調及び整合」に合致しない。第六条の趣旨による「事実上」の「委任」という論理は成り立たない。

日本政府は「航空交通管制に関する合意」の合意文書は非公開とし、要旨だけ公開している。そこには、米軍に対して基地とその周辺の空域における航空管制を「認める」とだけ書かれ、「事実上」の「委任」という部分は隠されている。まさに密約だ。

『日米地位協定の考え方・増補版』には、日米合同委員会は「地位協定又は日本法令に抵触する合意を行うことはできない」と書かれている。したがって、航空法上の法的根拠がない米軍による航空管制は、日本法令に抵触しており、そもそも日米合同委員会で合意できるものではないのである。

日本の法令を超えて運用される密約

また前記④「身柄引き渡し密約」も日本法令に抵触している。

日本の警察に逮捕された米軍人・軍属が公務中かどうかはっきりしない段階でも、身柄を米軍側に引き渡すというものだ。合意文書の名称は、「日米合同委員会裁判権分科委員会刑事部会において合意された事項、第9項（a）」（1953年10月22日付）。署名者は、当時の同部会日本側委員長の津田實法務省刑事局総務課長とアメリカ側委員長アラン・トッド陸軍中佐だ。なお

「日米合同委員会刑事裁判管轄権分科委員会において合意された事項、第9項（a）」ともいう。

この合意を私が知ったのは、検察官が米軍関係の事件・事故を扱う際の秘密資料『秘　合衆国軍隊構成員等に対する刑事裁判権関係実務資料』（法務省刑事局、1972年）に記載されていたからだ。同資料は国会図書館が古書市場で入手し所蔵する。政府の秘密文書にしか載っておらず、まさに密約である。合意文書には、こう書かれている。

〈（米軍人・軍属による犯罪が）公務の執行中に行われたものであるか否かが疑問であるときには、被疑者の身柄を当該憲兵司令官に引き渡すものとする。合衆国の当局は、当該被疑者の公務執行の点に関し、すみやかに決定を行い通知するものとする〉

これは米軍側に有利である。自動車による過失致死傷などの事件で、被疑者の米軍人や軍属が「基地間を移動する公務中だ」と主張したら、事実かどうか日本側はすぐには確認できない。密約どおりに、公務中かどうかはっきりしなくても、身柄は米軍側に引き渡すことになる。

実際は公務中ではなく、日本側に第一次裁判権がある公務外のケースかもしれなくても、だ。なぜこの密約が結ばれたのか。前出の法務省の秘密資料にこんな解説がある。

〈公務執行中のものであることが明らかでない以上は、わが方で身柄の拘束を続けてもよいとすることは、被疑者が軍隊の構成員又は軍属という特殊な地位にあることにかんがみ妥当でないので、とりあえずその身柄を軍当局に引き渡すこととする〉

まさに米軍人・軍属の「特殊な地位」に配慮した特別扱いが目的なのである。その結果、日本側で裁かれるべきなのに見逃されたケースも少なくないはずだ。

しかし日本の法律、地位協定の実施に伴う刑事特別法（米軍関係の刑事事件を扱う）の第一一条では、米軍人・軍属の身柄は公務中と明らかに認められた場合にのみ、米軍側に引き渡すと定めている。すなわち公務中かどうかはっきりしない段階では、引き渡してはならないのだ。

ところが、実際はその裏側で「身柄引き渡し密約」により、刑事特別法に違反して米軍に有利な処理をしている。

驚くべきことに、密約が法律を超越して運用されている。表向きは刑事特別法に従って処理するように見せかけて、裏では日米合同委員会の密約に従い、米軍に有利に処理する仕組みがつくられている。法治国家としてあってはならないことだ。

日本の対米従属の象徴

さらに、前出の外務省機密文書には驚くべき解釈がこう記されている。

〈地位協定の通常の運用に関連する事項に関する合同委員会の決定（いわゆる『合同委員会の合意事項』）は、いわば実施細則として、日米両政府を拘束するものと解される〉

日米合同委員会の合意が、法的定義も不確かな「いわば実施細則」として、航空法や刑事特別法という日本の法令を超越して、「日米両政府を拘束する」とは異常な解釈だ。

憲法に基づく国権の最高機関、国会にさえも公開せず、主権者である国民・市民とその代表である国会議員に対して秘密にしたまま、ごく限られた高級官僚と在日米軍高官とが日米合同委員会の密室で結んだ合意が、「いわば実施細則」として、法令を超越して「日米両政府を拘束する」巨大な力を持つというのだ。

日米合同委員会の密室の合意が、「憲法体系」の及ばない闇の領域から「日米両政府を拘束する」（実態は日本政府が拘束される。米軍は軍事優先で実質的には拘束されない）巨大な効力を密かに発し、日本の主権を侵害している異常事態である。

しかし、日米合同委員会を設置した法的根拠の地位協定第二五条には「協議を必要とするすべての事項に関する日本国政府と合衆国政府との間の協議機関」という規定はあるが、「合同委員会の合意事項は、いわば実施細則として、日米両政府を拘束する」などとは書かれていない。もちろん国会で承認された解釈でもない。
ただ日米合同委員会の密室でそう合意しただけだ。それ自体が密約ともいえる。

日米合同委員会の正体は、米軍の占領時代からの特権を維持し、変化する時代状況に応じて新たな特権を確保してゆくための「政治的装置」「密約機関」だ。

その前身の組織「予備作業班」は、占領時代末期の１９５２年３月４日に設置され、日本側は外務省などの高級官僚、アメリカ側はＧＨＱ（連合国最高司令官総司令部）、すなわち占領軍である米軍の高級軍人で構成されていた。１９５２年４月28日の対日講和条約、日米安保条約・行政協定の発効と同時に、予備作業班はメンバーも同じまま日米合同委員会へと改称した。

日米合同委員会は本質的にはいわば「占領の延長」のための組織であり、日本政府の対米従属の象徴でもある。米軍の自由勝手な基地使用と軍事活動に日本の主権が及ばず、その結果、人権も侵害される状態が長年続いている。

故・翁《お》長《なが》雄《たけ》志《し》前沖縄県知事が米軍基地による被害に苦しむ沖縄の状況を踏まえて発した、「日本国憲法の上に日米地位協定があり、国会の上に日米合同委員会がある」という言葉どおりの現実が、沖縄だけでなく日本全体を覆っている。

国会の上に日米合同委員会がある

こうした日米合同委員会の実態を政治家ははたして知っているのだろうか。

鳩山友紀夫（旧名・由紀夫）元首相は講演や自著で、民主党政権での「総理大臣の在職中、日米合同委員会の存在をほとんど知らなかった」「一切の報告はなかった」「日米合同委員会が毎月二度、秘密裏に行われていることや、その会議の内容もわかっていなかった」と証言している。また本人の口からそう聞いたこともある。

地位協定に関する勉強会で会った民主党政権時代の大臣・副大臣経験者である複数の立憲民主党議員も、「日米合同委員会について個別の案件で官僚から報告を受けたことはあるが、議事録や合意文書そのものは見たことがない」ということを口々に語った。

自民党議員には日米合同委員会について直接聞く機会がないが、例えば石破首相は一衆院議員だった2017年、BS朝日の番組『激論クロスファイア』（2017年9月23日放送）で、自身が防衛大臣だった経験に基づき、日米合同委員会のことは知っているが、「この議事録が例えば防衛大臣のところに上がってくるかといえば、私は見たことがない」と発言している。

安保・防衛問題に精通する石破議員でさえ、日米合同委員会について詳細は把握していなかったのである。

このように総理大臣にさえも「一切の報告はなかった」などの事実から、日米合同委員会の実態をほとんどの政治家は知らないと推測できる。まさに「国会の上に日米合同委員会がある」としか言いようがない現実が浮かび上がる。

しかし、このままでいいはずはない。基地の排他的管理権など米軍の特権を見直し、ドイツやイタリアのように国内法を原則として米軍に適用し、必要な規制をかけられるよう、独立国にふさわしく地位協定を抜本的に改定しなければならない。

日米合同委員会の議事録と合意文書も全面的に開示し、密約も廃棄すべきだ。将来的には地位協定の解釈と運用を米軍とエリート官僚まかせにせず、国会の管理下に置き、不透明な日米合同委員会も廃止すべきである。

▼1999年から四半世紀の「盟友」

自公連立政権の「源流」田中角栄と池田大作の蜜月秘話

すでに日常風景となった自民党と公明党による連立政権。なぜ自民党は、政教分離の観点から批判されることもある公明党との関係を続けるのか。その関係の「ルーツ」を探る。

文＝小川寛大
宗教専門誌『宗教問題』編集長

結党直後の公明党を支援

自民党と公明党が連立を組んだのは、1999年のことである。それから実に、四半世紀の時が過ぎた。説明するまでもないことだが、公明党とは日本最大の宗教団体・創価学会の、事実上の〝政治部〟として存在する政党である。そういう党が、日本最大の政党・自民党と連立与党を形成して、長く日本の政治を司っている。このあり方は「政教分離などの観点からして、大丈夫なのか」といった批判を様々なところから浴びてきたし、そういう視点から、公明党の存在そのものを問題視する声もある。

それでは実際のところ、公明党とはいかなる組織であり、なぜ自民党と手を組むに至ったのか。連立の生まれる前史から振り返ってみたい。

現在では断絶しているが、創価学会とはもともと、日蓮正宗という仏教宗派の下部組織（信者団体）だった（１９９１年に日蓮正宗は創価学会を破門）。同宗は、鎌倉時代の僧侶・日蓮の系譜に連なる宗教団体だが、一般的な日蓮宗とはかなり毛色が異なる。日蓮の直弟子たちのなかでも、日興という僧侶にだけに真の教えが伝わっていると考え（その系統が日蓮正宗になる）、また一般的な仏像などを拝んでも意味はないと断言。自らの総本山・大石寺（静岡県富士宮市）にある、日蓮がつくったと伝わる「板曼荼羅《いたまんだら》」なる木の板が、唯一無二の崇拝対象だとする教義を持った団体である。

すなわち、日蓮正宗にとって一般的な日蓮宗とは、まがい物の異端でしかなく、そのほかの仏教宗派や神道、ましてやキリスト教やイスラム教などは、十把一《じっぱひと》絡《から》げに邪宗・邪教であった。

日蓮正宗とはそのような、きわめて排他的な性格の団体であり、それゆえに社会の中でほかの宗教と共存するようなことはまったく考えておらず、「一閻浮提《いちえんぶだい》広宣流布《こうせんるふ》」という、「世の中の人々全体に、自分たちの教えを布教していく」との目標を堅持していた。

つまりそうなると、天皇でも政治家でも、人類すべてが日蓮正宗の信者になることが、同宗の理想とする社会になる。そういう世界には、そもそも政教分離などといったことはあり得ない。それは、同宗の信者団体として１９３０年に設立された創価学会としても、変わらぬ認識として持っていた。

政界への進出は教義上の必須行為

創価学会は太平洋戦争中に弾圧を受け、初代会長の牧口常三郎が獄死するなどして一時壊滅状態に陥るが、終戦後に組織を再建した第２代会長・戸田城聖のもとで、急速に拡大していく。一閻浮提広宣流布を目指す排他性は不変で、さらに戸田はそこへ「国立戒壇の建立」という、新しい目標を掲げてみせた。

詳しい宗教的説明は省くが、これはつまり「創価学会・日蓮正宗として、自分たちの影響下に置いた国家権力に、自分たちの宗教施設を造らせること」を指す。このこと自体は鎌倉時代の日蓮も同趣旨のことを唱えていた事実があり、創価学会の独創というわけでもない。しかし、多くの日蓮系仏教宗派が時代を経るにしたがって穏健化していったなか、創価学会はそれを戦後に至って真剣に主張し始めた、珍しい存在ではあった。

つまり創価学会にとって「宗教」とは、ただ庶民の心の支えとして存在していればそれでいいものではなかった。政治家を含む全人類を信者とし、その政治的影響力で国に宗教施設を造らせるのが教団としての目標であるのだから、政界への進出は、教義上の必須行為ですらある。

こうして創価学会は、「王仏冥合《おうぶつみょうごう》」というスローガンも使い始める。すなわち、王法（王様の行うこと＝現実政治）と仏法の融合を目指すという考え方で、言ってみれば政教一致である。

公明党が結党されたのは１９６４年のことだが、すでに創価学会は１９５０年代から、各種の選挙に会員（信者）を立候補させることを始めていた（「創価学会系無所属候補」などと呼ばれていた）。当時の創価学会会長・戸田城聖はこう言っている。

「われらが政治に関心を持つゆえんは、三大秘法の南無妙法蓮華経の広宣流布にある。すなわち、国立戒壇（本門の戒壇）の建立だけが目的なのである」（創価学会機関誌『大白蓮華』63号）

堂々たる「政教一致路線」の追求宣言である。

戸田の会長時代に推進された、「折伏《しゃくぶく》大行進」と呼ばれる強引かつ猛烈な布教キャンペーンについては詳しい解説を省くが、その結果、創価学会は終戦直後に数千世帯程度しかなかったとされる会員数を、１９５０年代後半には75万世帯にまで増やしていたという。

そういう信者層の基盤を使って、戸田は地方議会や参議院などに会員を議員として送り込んでいた。

戸田は１９５８年に58歳で死去するが、その後の１９６０年に創価学会第3代会長に就いた池田大作は、同会の政界進出をさらに進めていく。１９６４年に公明党を設立。１９６７年には、同年に行われた衆議院議員選挙に初参戦し、一挙に25人を当選させている。

当然、それができるだけの学会組織を池田は肥大化させてきたということで、池田は戸田の死から10年で会員数を10倍の750万世帯にしたというのが、創価学会側の公式発表だ（2005年に827万世帯に達しとされ、その数字が現在でも対外的に公称会員数として発信されている）。

しかし、このような創価学会の活動は、世間一般には「怪しげな宗教政党が現れて、日本の政治を乗っ取ろうとしている」との印象を強く抱かせるもので、公明党の評判も決していいものではなかった。

ただ意外なところから、この公明党を評価する人間が現れる。それが公明党結党当時に大蔵大臣の地位にあり、のちに総理大臣ともなる自民党衆議院議員・田中角栄だった。

田中角栄と池田大作の「濃密関係」

大下英治著『権力奪取とPR戦争　政治家という役者たち』（勉誠出版）によると、田中は結党直後の公明党の姿を見て、側近にこう語ったのだという。

「自民党が腐ってきたら、彼らが援軍になる。だから公明党を大事にしてやれ」

実は公明党が立ち上がった当初、困っていたのは、政策ブレーンが少ないことだった。与党である自民党には、官僚たちがさまざまなレクチャーをしてくれる。当時の野党である社会党や共産党には、左翼のインテリ学者などがバックについていた。しかし、公明党にそうした存在はなかった。

これは創価学会に限らないことだが、戦後に急成長した多くの日本の新宗教は、高度経済成長期に地方から都会へ出てきた、農家の次男、三男といった人々を吸収して組織を拡大してきた流れがあり、彼らは決してインテリ層などではなかった。そのため政党の政策ブレーンなどにはなり得なかった。よって公明党は、ひとまず数の力で国会に議席は得たものの、具体的にどう議会での論戦などを行っていけばいいのかが、よくわからなかったのだ。

そこに助け舟を出したのが、田中角栄だった。前掲書によると、公明党はこの田中との縁で広告PR会社である電通PRセンターとのつながりを得て、彼ら広告マンたちの知見を借りながら世の中の動きを分析し、政策立案などを行っていたのだという。

すでに述べたように、戦後の創価学会の急成長は、地方から出てきた農家の次男、三男などを取り込んだ結果だった。そして、彼らの実家に残って、その地方を支えた長男たちのリーダーこそが、新潟の農村から成り上がり、「日本列島改造論」で地方の成長を推進し続けた、田中角栄だった。

そういう文脈で、どうも池田大作と田中角栄の間には、何か響き合うものがあったらしい。

池田大作は、池田勇人《はやと》や福田赳夫《たけお》などの自民党の首相経験者とも交流があったとされている。また、同じく自民の首相経験者である岸信介はその保守思想から、「反共の防波堤」として政治に関心を持つ宗教団体の存在を好意的に見ていた節があり（実際に岸と旧統一教会の密接関係は非常に有名だ）、池田大作の自伝的小説『人間革命』にも、岸が創価学会と親密な交流を持っていたとの記述がある。

しかし、池田と田中の関係は、それらから一頭地《いっとうち》を抜いて濃密なものだったらしい。

例えば首相時代の田中角栄の代表的な業績に、日中国交正常化（1972年）があるが、このとき田中の訪中に先立って中国入りし、中国首相の周恩来と会って交渉条件などについて話し合ったのは、当時の公明党トップ・竹入義勝である。実際のところ、竹入は田中が遣わした密使というわけではなく、竹入が周に会えたのは偶然の要素などもあったとされる。しかしそれでも、田中角栄と公明党の間には、昔から格別の関係があったことは事実なのである。

「言論出版妨害事件」に関係していた角栄

しかし、こうした田中と公明党の親密関係が1969年、ある事件を引き起こす。当時、世の中に出回っていた創価学会を批判する本の出版や流通に、創価学

創価学会の“カリスマ”は2023年11月に逝去

会が圧力をかけていたことが明るみに出て、何とそこに田中角栄も関わっていたことが暴露されたからである。世に言う、創価学会の「言論出版妨害事件」だ。

この事件の中心的存在となった、明治大学教授で政治評論家の藤原弘達が1969年に出版した『創価学会を斬る』の「まえがき」から引用しよう。

〈十月始めのある朝早く、まだベッドにいた私は突然の電話に起こされた。

電話口に出てみると、政府与党の最要職にある有名な政治家からの電話であった。これまで私は、マスコミでは何度も会って話していたが、その政治家と電話でヂカに話したことは一度もなかった。なぜ、そんな電話をかけてきたのか、といってきいてみると、私がここに出版しようとする『『この日本をどうする』第二巻・〝創価学会を斬る〟という本を出さないようにして、という公明党竹入委員長からの強い要請・依頼をうけての早朝電話である」ということであった。要するにその趣旨は、「ひとつなんとか執筆を思いとどまってもらえないものであろうか」ということである〉

つまり、藤原がその創価学会批判本を出版するに先立って、「政府与党の最要職にある有名な政治家」から、露骨な圧力の電話がかかってきたということを、藤原はほかならぬその本の冒頭で暴露したわけなのだ。すぐ、この「有名な政治家」の正体は、田中角栄（当時、自民党幹事長）であるということも露見。また、創価学会はこうした自民党のパイプを使い、『創価学会を斬る』以外にも、さまざまな学会批判本の出版に圧力をかけていたことが発覚し、社会的事件に発展する。

ことは国会でも取り上げられ、当時の佐藤栄作首相は「（言論出版妨害というには）少しオーバーじゃないだろうか」としつつも、田中角栄がその問題に関わっていたことについて「余計なおせっかいをしたと考えている」などと事実上認めてしまい、創価学会は進退窮《きわ》まった。

池田大作は全面的な謝罪に追い込まれ、以後は国立戒壇建立という公明党の目標を取り下げ、王仏冥合などといった、政教一致的スローガンも用いないと表明するに至る。

実際に、その後、公明党は創価学会が唱える仏教的価値観を、福祉政策などの現実的な政策に落とし込んで活動するという形にスタイルを改め、また創価学会と公明党の関係も、「原則的に別組織であり、ただ創価学会が公明党を支持しているだけ」という建前になり、現在に至っている。

しかし、こうした大事件を経ても、創価学会・公明党と田中角栄・自民党の間のラインが崩れたわけではない。

前述した日中国交正常化交渉における連携も、言論出版妨害事件の後の話である。１９７０～90年代初頭にかけて、自民党が国会で議案を通そうとして議席数が足りなかった場合などに、まず相談に行くのは公明党か民社党であるというのは、相場が決まっていた。

その代表的な例が１９９２年に国会を通ったＰＫＯ法案で、当時自民党が過半数を握っていなかった参議院において、社会党などが「自衛隊の海外派兵につながる」と絶対反対の姿勢を示すなか、自民は公明の協力を得て同法案を成立させている。

小沢一郎と市川雄一

そういう前史を経て、自民党と公明党は1999年に連立を組むわけであるが、そこへ両党を導く最初のキーパーソンとして挙げなければならないのが、1989～91年にかけて自民党幹事長を務めた同党衆議院議員・小沢一郎と、1989～94年にかけて公明党書記長（党トップ）を務めた同党衆議院議員・市川雄一である。この二人は党を超えて非常に親密な間柄だったとされていて、俗に「一・一ライン」などとも呼ばれていた。

この小沢が1993年、自民党を離脱して新生党をつくり、その流れに新党さきがけや日本新党なども加わる形で新党ブームが発生。同年の衆議院議員選挙では、これら新党が自民党を凌いで躍進し、細川護熙《もりひろ》政権、いわゆる非自民連立政権が誕生することになる。

しかし、この政権は決して新党だけが動いてできたものではなく、それを公明党が全力でバックアップしていた事実にも注目する必要がある。実際に公明党はこの細川政権に4人の閣僚を送り込むことに成功し、党の歴史のなかで初めて大臣を輩出している。

そしてその背後にあったのは、政権の立役者である小沢一郎と、その盟友たる市川雄一のラインだった。かつ、小沢一郎とは自民党田中派の出身で、田中角栄の愛弟子とも呼べる人物であったことに注意せねばならない。

この細川内閣、および後継の羽田孜《つとむ》内閣は短命で、すぐ政権は自民党に戻る。小沢は政権の再奪還を試み、野党勢力を糾合して1994年に新進党を結成した。これに公明党は、衆議院における公明党の組織を解散して合同するほどの入れ込みぶりを見せた。

一方の自民党はこの状況を見て、「新進党とは実のところ、公明党の影響を強く受けた宗教政党である」といった批判を展開し、党外の反創価学会的な宗教団体や文化人などを巻き込み、「信教と精神性の尊厳と自由を確立する各界懇話会」（通称・四月会）なる組織を結成。激しい新進党・創価学会攻撃を展開することになる。

そのようなことも影響したのか、小沢率いる新進党は、なかなか政権奪還を達成することができず、1997年に新進党は解散。公明党の衆議院組織も、また復活することとなる。

しかし、その後に誕生した民主党の存在などもあり、容易に自民党の権力基盤は安定しなかった。そこで1998年に誕生した自民党・小渕恵三内閣の打った奇策こそが、公明党との連立だった。

無論、公明党には戸惑いがあり、「いきなり自民党と一緒に政権を作るのは無理だ。（略）まず自由党（注・新進党解党後に小沢一郎が率いていた政党）という座布団を間においてほしい」（五百旗頭真・伊藤元重・薬師寺克行編『90年代の証言　野中広務　権力の興亡』朝日新聞出版より）という注文を、自民党側に出すことになる。

小沢までをも取り込むことには、自民党内に抵抗感もあったそうだが、こういう難問を仕切ったのが、小渕内閣の官房長官・野中広務だった。そして自公連立は1999年、まず自民党、自由党、公明党の「自自公連立」として誕生したのである（自由党は2000年に連立を離脱し、以後は自公連立となる）。

そしてここでも重要なのは、小渕恵三も野中広務も、自民党田中派の流れを汲む経世会出身ということである。

蜜月とすきま風

以後、自民党と公明党はともに手を取り合いながら、政権を運営してきた。この連立時代に、自民党における親公明派の筆頭級の一人に挙げられてきたのが、二階俊博（元自民党幹事長）である。

2009〜12年の民主党政権時代、下野した自公の協力関係が崩れないよう、二階が自公間のパイプ役として丁寧な調整を重ねていたというのは、政界では割とよく知られた話である。そしてこの二階も自民党田中派出身で、田中角栄を師として仰ぐ人物だ。

自民と公明の間に「すきま風が吹いている」などとマスコミでよく語られるようになるのは、2012〜

20年まで続いた第二～四次安倍晋三政権の時代である。自民党のなかでも保守色の強い政治家として知られた安倍は、憲法改正の必要を公言し、中国を仮想敵国とするような安全保障政策強化に取り組んだ。

もともと公明党は、日中国交正常化に携わった経験などから親中的で、また「憲法9条だけは絶対に変えてはいけない」といった発言をした池田大作の影響もあって、伝統的には中道左派的な政策を打ち出してきた党だ。安倍カラーには簡単に賛同しかねるとして、さまざまな政策協議の場で、公明党が自民党に注文をつける場面も目立った。

なかでも安倍政権が2015年に成立させた安保法制の審議過程においては、一部の創価学会員が「池田大作先生の平和思想を公明党は壊してはいけない」といって、野党支持者らと反対デモを行うなどの事態も発生し、創価学会・公明党の組織が大きく揺れているとの評も、マスコミに多々出ることになった。

安倍死後の2023年に刊行された『安倍晋三 回顧録』（中央公論新社）を読んでも、安倍は公明党・創価学会について「自分に圧力をかけてくる」といった趣旨の発言をしており、あまり安倍自民と公明は、親密な関係ではなかったようだ。

その後の菅義偉《よしひで》政権（2020～21年）に関しては、菅はもともと公明党と親密な関係の政治家だったため、すきま風も収まったかに見えたが、同政権は短命に終わった。

そして続く岸田文雄政権においては、政権の後見人たる自民党副総裁・麻生太郎が公明党について「がん」だと発言するなど、また自公間の軋轢《あつれき》は強まったとみる識者が多かった。自民党が維新や国民民主党を、新たに連立へ参画させようとしているなどといった憶測報道がたびたび出回ったのも、岸田政権期だ。

こうした自公間のすきま風がなぜ起こったのかにはさまざまな要因があるが、そもそも安倍晋三は、田中角栄のライバルだった福田赳夫の系譜を継ぐ清和会系の政治家であり、また岸田文雄も池田勇人の興した宏池会出身で、田中角栄の系譜には連なっていない政治家であることに注意が必要である。

久々の「田中角栄系政権」

けれども2024年10月に首相となった石破茂は、若き日に田中角栄から直々に「(父親の参議院議員・石破二朗に代わって)お前が出ろ」と声をかけられ、選挙への出馬を決断したという人物だ。

実際に石破は2024年10月10日、中国首相の李強と行った会談のなかで、「国交正常化を成し遂げた私の政治の師であり、私の政界入りを後押しした田中元首相は、『日中両国の指導者が明日のために話し合うことが重要だ』と述べた」と語ったとも報じられている。

そういう意味では石破政権とは、公明党がパートナーとして迎える、久々の「田中角栄系政権」だ。これからは自公の関係も、ガッチリ安定してくるのだろうか。

しかし、自公の連立はその結成当初から、「単なる選挙対策のための野合だ」という批判が根強くある。

そして、最近の自公間にすきま風がよく吹いていた原因として、もう一つ上げねばならないものは、近年の選挙において公明党の集票力が弱まっていて、「連立相手として頼りにならない」という不安感が、自民党内に広まっていることである。

実際に参議院議員選挙の全国比例で集まった公明票の数字だけで判断しても、2004年の862万票から2022年の618万票と、その18年間で公明党に投票する人は、244万人も減っている。

これには創価学会員の高齢化や、それに伴う組織の弱体化など、さまざまな要因があるのだが、学会のカリスマだった池田大作が2023年11月に死去した今、それを挽回できるような好材料は、乏しい。

石破茂という久々の田中角栄系宰相をパートナーに、公明党はこれからの政界で、どのような存在感を発揮していけるものなのだろうか。2024年10月27日の衆院選で自公が議席過半数割れとなった状況も踏まえるなか、政局はますます混沌としている。

(本文中敬称略)

第3章

利権

迷走する権力の醜態

▼国民の「個人情報」を食い物にする〝わるいやつら〟

〝取得義務化〟は誰のため？マイナンバーカード「政官財」癒着の構図

マイナンバーカードの取得は国民の義務ではない。しかし、「マイナ保険証」への一本化によって、取得が半ば義務化されようとしている。性急な〝取得義務化〟の背景には、財界の強い意向が——。

文＝矢野昌弘『しんぶん赤旗』社会部記者

「反対しているのは共産党と社民党だけ。国会での対決法案（与野党で賛否が分かれる法案のこと）とはならない」

官僚の発言とは思えない上から目線の発言にのけ反ったことを覚えている。

2013年3月——。すべての国民に12ケタの番号を割り当てるマイナンバー（共通番号）制度。この制度創設を盛り込んだ法案が国会提出されるにあたっての、政府側説明会でのことだった。

その発言をしたのは内閣官房審議官の向井治紀氏。「ミスター・マイナンバー」と呼ばれる男だ。審議入りすると、向井氏はその呼び名に違《たが》わぬ働きをした。法案の主務大臣である新藤義孝総務相や甘利明経済再生担当相に代わって、たびたび答弁に立ち続けた。法案は同年5月に成立。2016年1月からの運用開始となった。

向井氏がマイナンバー制度創設の立役者だったことに疑いはない。

向井氏の名を久しぶりに目にしたのは2021年のことだ。『週刊文春』が、平井卓也デジタル担当相がNTT幹部から受けた接待に向井氏も参加していたと報じたのだ。平井氏は接待から半年後の2021年6月21日に同席者分の食事代計22万円をNTTに支払い「割り勘」だったと強弁した。支払ったのは文春の取材を受けた当日である。

この接待に内閣官房室長代理だった向井氏は2度も参加していた。向井氏が接待を受けた席にはNTTの澤田純社長（当時）がいたという。

たとえ「割り勘」の会食であっても、1回1万円を超える利害関係者との会食は、国家公務員倫理規で事前に届け出をしなければならない。向井氏はこの届け出を怠っていた。向井氏は届け出をしなかった理由として「NTT本体は官庁のシステム事業を受注している企業ではなく、利害関係者に当たらないと考えた」と述べたという。

マイナンバー制度を推進するデジタル相と「ミスター・マイナンバー」と称される向井氏。NTTトップから接待を受けたことは何を意味するのだろうか。

接待の席では入札などに関する話題はなかったという。だからといって問題がなかったとは言えないだろう。将来の制度設計のこと、マイナンバー制度をもっと〝金の成る木〟にするための相談だと疑われても仕方ないのではないか。

市場規模は官民合計で1兆円

マイナンバー制度の創設は、第二次安倍晋三内閣時のものだが、すでに民主党政権時代から創設に向けた準備は始まっていた。

内閣官房が２０１１年に設けた「情報連携基盤技術ワーキンググループ（ＷＧ）」もその一つ。マイナンバー導入のために技術的な問題や制度設計を検討するための組織だ。メンバー21人のうち企業関係者が13人を占める。ＮＴＴデータやＮＴＴコミュニケーションズ、日立製作所、富士通、ＮＥＣなど国内の大手電機・通信企業の幹部らがメンバーに名を連ねていた。

２０１５年時点で、マイナンバー制度は「市場規模は官民合計で１兆円」（『週刊東洋経済』）ともいわれる巨大事業。この市場をリードしていったのはＷＧのメンバー企業だった。

２０１３年から15年までに行政機関が発注したマイナンバー関連事業は少なくとも27件、発注額は２２６億円を超えていた。このうち22件をＷＧに参加した企業7社が受注していた。その金額は判明分だけでも１７８億円と発注額の８割を占める。

最も多く受注したのは、日立製作所の９件で計１２４億円。国税庁から「番号制度導入に伴う資料調査システムの開発及び改修一式」を43億２０００万円の随意契約で受注していた。そして９件のうち７件が随意契約によるものだ。日本年金機構もマイナンバー関連の事業を６件発注しているが、このうち４件が随意契約だった。

極めつきはマイナンバー制度の中核システム「情報提供ネットワークシステム」の設計・開発の受注業者だろう。内閣府が２０１４年３月31日に一般競争入札を実施。参加したのはＮＴＴコミュニケーションズを代表に、日立製作所、富士通、NEC、NTTデータの5社が組んだ「5社連合」の1グループだけだった。

内閣府は「1者応札、1者応募にかかる改善方策」（2009年3月）で、1者しか参加しない場合「競争性が確保されていないおそれがある」としている。ところが、この入札では手続きがそのまま進められた。

5社連合が提示した入札額は内閣府の予定価格を大きく上回ったため入札は3回やり直しされた。3回目の入札でも5社連合の入札額は予定価格を約10億円上回っていた。

「国土交通省なら競争性が損なわれ、談合の温床になる」（担当者）と入札をやり直すケースだという。しかし内閣府は5社連合と交渉に入り、123億1200万円で随意契約を結んだ。

日本共産党の池内さおり衆議院議員（当時）の調べでは、予定価格に対する契約額の割合は99・98％。予定価格が漏れたことが疑われる数字だ。

契約を進めた理由を内閣府の担当者は「開札した3月31日は年度末だ。その日のうちに契約を結ばなければ、2013年度の予算を充てられなかった」と説明した。

5社連合の無競争受注は他にもある。

「地方自治情報センター」（現・地方公共団体情報システム機構）が発注した個人のマイナンバーをつくる「番号生成システム」の設計・開発業務（2014年1月）。この入札も5社連合だけが参加し、68億9580万円で受注した。同機構は「入札の経過は公開していない」と予定価格など詳細を明かさなかった。

こうしたシステムの設計と開発業務を受注する意義は大きい。その後の保全、改修などを受注していくうえでも、設計・開発業務を受注した企業は他社より圧倒的なアドバンテージを持つことになるからだ。

マイナンバー制度導入の「黒幕」は財界

マイナンバー制度を強力に後押ししたのは財界だ。日本経団連関係者も「経団連はずっと番号制度（マイナンバー）の導入を主張してきた」と認める。

経団連が番号制度を最初に提唱したのは1996年10月。以後、導入の提言を繰り返してきた。経団連は各政党の政策に〝通知表〟を付け、それに基づいた「献金」を加盟する大企業に薦めている。

2015年10月に公表した〝通知表〟では、自民党のマイナンバー制度に対する姿勢を評価した。2013年の政治資金収支報告書を見ると、マイナンバー制度の中核システム事業を受注した前述の5社連合のうち、NTTコミュニケーションズを除く4社は、自民党の政治資金団体「国民政治協会」に合計で5700万円の献金をしていた。財界が要望し加盟企業が巨額献金をする。政府が大型事業を発注し加盟企業が受注する――。マイナンバー制度には政官財癒着の構図が見え隠れする。

2016年の運用開始に向けて、政府のマイナンバー関連の支出は加速度的に増えていった。

官公庁のマイナンバー関連の契約をさらに調べていくと、発注額が862億円に上っていた（2015年11月3日時点）。このうちの89％にあたる772億円をWGメンバー9社（法人含む）が占めていたこともわかった。

受注したのは多い順に富士通216億円、日立製作所188億円、NTTデータ138億円。発注方法も不可解な点が多い。少なくとも18件の事業が入札を伴わない随意契約だったのだ。

官僚の天下りの点ではどうか。表1を見ていただきたい。2011年度以降に行政機関の幹部33人が受注企業6社に再就職していたことがわかった。

マイナンバー制度は、国民全員に12ケタの番号を割り振り、行政機関が持つ国民の個人情報と紐付けるものだ。制度を利活用する主舞台となるのは市区町村の基礎自治体になる。

では自治体でのマイナンバー関連の支出はどれほどだろうか。20政令指定都市の2年分（2014～15年度）で見ていくと、マイナンバー制度に少なくとも計316億円を支出していた。ここでもNEC、富士通、日立製作所、NTTデータなどWGのメンバー企業・グループ企業にシステム改修費用206億円の8割超

【表1】「情報連携基盤技術ワーキンググループ(WG)」メンバー企業の受注額と国家公務員の天下り

企業名	金額	天下りした国家公務員の最終官職
富士通	216億円	外務省特命全権大使
		内閣府審議官
		国交省大臣官房付
		総務省近畿管区行政評価局長
		国交省新千歳空港事務所長
		総務審議官
		外務省特命全権大使
日立製作所	188億円	経産省大臣官房付
		経産事務次官
		総務省自治大学校長
		総務省大臣官房付
		金融庁検査局総務課統括検査官
		総務省自治財政局長
NEC	65億円	国交省那覇空港事務所長
		警視庁本所警察署長
		総務省大臣官房付
		航空保安大学校研修センター所長
		公安調査庁調査第一部公安調査管理官
		外務省特命全権大使
		総務省自治税務局長
		警察庁長官官房技術審議官
		神戸税関総務部部付
		経済産業審議官
		財務省関税局局付
		国交省大臣官房参事官
NTTデータ	138億円	警察大学校長
		財務省大臣官房付
		経産省大臣官房付
NTTコミュニケーションズ	46億円	—
沖電気工業	2億円	—
野村総合研究所	6億円	警視庁麻布警察署長
		金融庁検査局金融証券検査官
		総務事務次官
		総務審議官
大和総研ビジネスイノベーション	4億円	総務事務次官
地方公共団体情報システム機構	103億円	—

2012年から15年までの国家公務員の再就職を『しんぶん赤旗』が独自に集計し、まとめたもの。億円未満は切り捨て。

『しんぶん赤旗』(2015年11月3日付)より

（金額ベース）の契約が集中していた。

一方、この4社およびグループ関連企業以外の企業55社が受注した金額は30億円にとどまった。いかにWG企業が大きい仕事を中央でも地方でも独り占めしているかがわかる。また、年を追うごとにNTTグループの受注比率が高くなっていく点にも注目だ。

マイナンバー制度を見ていくうえで、「地方公共団体情報システム機構（J－LIS）」の存在は外せない。J－LISは国と地方公共団体が共同で管理する「地方共同法人」という珍しい性格の法人だ。マイナンバーの生成、マイナンバーカードの発行など制度の運用を一手に担う法人だ。

J－LISは2013年度からの10年間でマイナンバー関連事業を少なくとも313件、2810億円超を発注していた。このうち2021年度、22年度の2年間に総額1660億円と発注が集中していた。

最も多く受注していたのは、NTTグループでIT大手のNTTコミュニケーションズ。受注額は計980億円超で発注総額の3割を超えていた。WGのメンバー企業だ。

2番手はマイナンバーカード用のICカード発行業務を複数回受注した印刷大手の凸版印刷（現・TOPPAN）。同社は近年、DX（デジタルトランスフォーメーション）に注力している。ちなみに民間企業の受注金額上位8社で契約（発注）金額の9割を占めていた。

シリアルナンバーとマイナポータル

ところでみなさんはマイナンバーカードをお持ちだろうか。政府は2024年12月から現行の紙の健康保険証を廃止し、マイナンバーカードに保険証の機能を持たせた「マイナ保険証」に一本化しようとしている。

そもそも、この「マイナンバーカード」はマイナンバー制度の創設について国会で審議された時点では、自身のマイナンバーがわかるようにするといった程度の添え物的な扱いだった。しかもプラスチックのカードでなく、紙の案もあった。

当初は脇役だったマイナンバーカード。しかしいつしか、財界や政府からその有用性を見出され、主役級の期待を集めるようになる。その要因の一つがマイナンバーカードに搭載されたICチップのシリアルナンバー（製造番号）を使った個人情報の利用だ。詳しい説明は省くが、このシリアルナンバーが「第2のマイナンバー」として、本人確認証明書の役割を果たすことが可能なのだ。

本来のマイナンバーは主に行政機関で活用されるものだ。この12ケタの番号の収集や保管については法の規制がある。

ところがシリアルナンバーには法の規制がない。それどころか民間活用が推奨されている。政府の文書でも、このシリアルナンバーを企業が顧客情報として保有することを勧めているものもある。

例えば、銀行、証券、保険、小売りなど多様なサービスを提供する企業グループが、シリアルナンバーを使って特定個人の情報を収集したらどうなるか。資産や購買傾向、健康状態などが丸わかりになるだろう。

こうして集められた個人情報から、その人物像をバーチャルの世界で再構成し、その人の行動予測（プロファイリング）をする。その人がその企業にとってよい顧客か否か、たちまちにわかることになる。

さらに、今後はマイナポータルが住宅ローンの申請や生命保険などの契約で利用されるかもしれない。マイナポータルとは、自宅などでマイナンバーカードをカードリーダーで読み込み、自身の情報を契約相手の企業に送る仕組みのことだ。

例えば生命保険の加入を検討する人物から、健康診断記録などの個人情報を送ってもらい、加入の可否、保険料の判断材料にするといった具合だ。マイナポータルをこのようにして利用するには、マイナンバーカードを全国民が持っていることが前提となる。マイナンバーカードの取得は国民の義務ではない。しかし、「マイナ保険証」への一本化によって、取得が半ば義務化されようとしている。

性急な〝取得義務化〟の背景には、マイナポータルという第三の主役を活用したい財界の強い意向があると思われる。

マイナポイント関連の国の予算は2兆円

マイナンバー事業の恩恵を受けるのは、WGメンバー企業ばかりではない。マイナンバーカードとなるICカードの発行業務はNTTコミュニケーションズと凸版印刷の2社が交互に受注する格好だ。

大手広告代理店の電通もマイナンバー関連で多くの業務を受注している。2021年度に行われた「マイナポイント第1弾」、2022年度の「第2弾」キャンペーン。「第1弾」には国の予算は総額2999億円が充てられた。「第2弾」は1兆8170億円の予算である。

「第2弾」では、マイナンバーカードを新規で取得すると最大5000円相当のマイナポイントが付与され、カードを保険証代わりに利用申し込みすると7500円相当のポイントが付与された。さらに、カードに公金の受け取り口座を登録すると最大7500円相当のポイントも付くという大盤振る舞いだった。

当時、「マイナポイント」のCMがテレビやネット上で盛んに行われていたことを覚えている人は多いだろう。電通は「マイナポイント第1弾」と「第2弾」のどちらも広報業務を委託されている。

最後に、本稿に出てきた企業が自民党の政治資金団体「国民政治協会」に2013年から22年までに献金した額を表にしてみた（表2）。

WGのメンバー企業でマイナンバー関連の多くの事業を受注した日立製作所の中西宏明元会長（故人）は、2018年5月～21年6月まで経団連の会長だった。2021年4月に経済財政諮問会議の民間議員として、連名でマイナンバー制度の徹底活用を提言している。さらに提言は、健康保険証や運転免許証とマイナンバーカードの一体化を早急に進めるよう求めていた。

マイナンバー制度はその設計段階から企業が関与し、発生した業務を受注している構図が見える。

制度の将来像を企業経営者が「提言」として主唱し、自民党に献金、政策の実現を図る。そして実現した事業を受注する――。これをマッチポンプと言うのは言

【表2】2013年から22年までの「国民政治協会」への献金額

企業名	献金額（万円）
NTTデータ	4700
電通	4800
凸版印刷	6300
日本電気	15300
日立製作所	36750
富士通	14800
サントリーホールディングス	4593

※政治資金収支報告書をもとに集計。名前にアミがかかった企業は「情報連携基盤技術ワーキンググループ（WG）」のメンバー企業

い過ぎになるだろうか。

■

そして強調したいのは、〝デジタル公共事業〟の過大な支出と寡占状態だけが問題ではないということだ。

例えば、経済同友会代表幹事の新浪剛史サントリー社長が「（現行の健康保険証の）廃止の期日を守れ」と発言したことがニュースになったことがある。サントリーのグループ企業には、サントリーウェルネスという健康事業を担う企業もある。今後のビジネスで、検診情報や介護の有無、生活環境など、健康に関するさまざまな個人情報がマイナポータルなどで得られるとしたら、どれほど事業展開に役立つだろうか。

この「宝の山」の争奪戦はもう始まっている。マイナンバー制度で囲い込まれ、最も食い物にされるのは、国民だということを忘れてはいけない。

▼国民の保険料負担が増え続ける理由

日本の医療行政を牛耳る日本医師会の「首領」と「麻生太郎」

組織内候補を自民党に送り込み、医療行政を牛耳ってきた日本医師会。「選挙とカネ」で自民党に貢献する、この「圧力団体」と密接なつながりがあるとされるのが麻生太郎氏だ。

文＝**窪田順生**
ノンフィクションライター

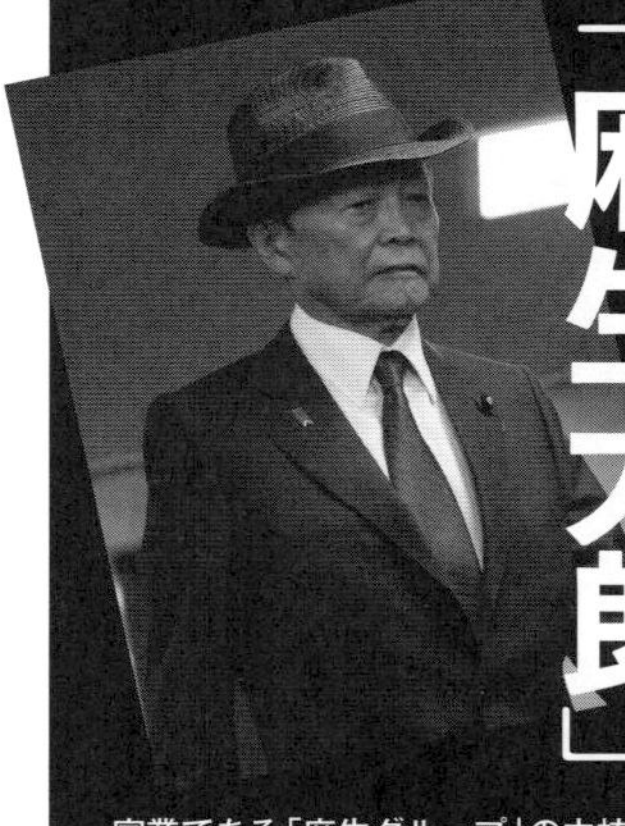
家業である「麻生グループ」の中核は「医療」

２０２４年７月、ある有名医師が２０２５年の参議院選挙での自民党の比例代表候補公認を得た。釜萢《かまやち》敏氏。新型コロナウイルス感染症対策分科会の委員を務めた小児科医だ。同分科会の会長だった尾身茂氏とともに毎日のようにニュースやワイドショーに登場し、感染防止を呼びかけていたので、顔を見れば「ああ、あの人ね」とピンとくる人も多いだろう。

そんな抜群の知名度を誇る有名医師が政界進出を目指すわけだが、ここで注目すべきは釜萢医師の71歳という年齢だ。自民党の公認候補は原則70歳まで。釜萢医師は、来夏の参院選時は72歳のため露骨な「特例扱い」だ。では、自民党はなぜそうまでして釜萢医師を

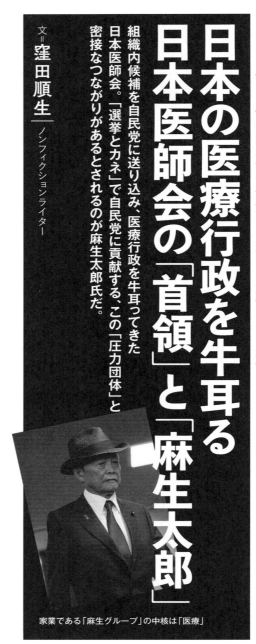

政界に送り込みたいのか。それは「有名コロナ医師」を身内に入れておきたいからでも、タレント候補のように全国区の知名度を選挙戦で利用したいからでもない。

自民党を「選挙とカネ」で長く支えてきた日本最強の圧力団体「日本医師会」の意向だからだ。

実は釜萢医師は、自民党で厚生労働副大臣などを歴任した羽生田《はにゅうだ》俊《たかし》参議院議員の後を継ぐ、日本医師会（以下、日医）の「組織内候補」である。組織内候補とは、業界団体や労働組合などから政策実現のミッションを課せられ、協力関係にある政党へ送り込まれる政治家候補のことだ。

釜萢医師は「日医副会長」という顔も持っている。つまり釜萢医師が国会議員になるのは、「国民のため」「日本のため」という志からではなく、「日医が望む医療政策」を自民党政権下で実現するためと言える。

では、「日医が望む医療政策」とはいったい何か。それを理解するには、まず日医という組織についての正しい認識を持つ必要がある。

日本医師会は「開業医」の利益団体

一般の人が「日本医師会」と聞けば、その名のとおり「お医者さんたちの学術団体」と思う人がほとんどだろう。医師たちが患者のために治療に関する様々な情報交換や、コロナ禍の時に国民にステイホームを呼びかけたような啓発活動をする——。そんなイメージを抱いているはずだ。実際、日医のホームページでも、日医の事業は「医道の高揚、医学教育の向上、医学と関連科学との総合進歩、生涯教育など」を挙げている。

ただ、この「お医者さんの学術団体」というイメージは、現実と大きなギャップがある。たしかに組織の概要を見れば、「お医者さんの学術団体」と感じるのも無理はない。厚生労働省の「令和4年（2022）の医師・歯科医・師薬剤師の概況」によれば、2022年末時点で日本には34万3275人の医師がいるのだが、日医には約17万6000人（2023年12月1日現在）の医師が会員となっている。つまり、日本の医師のおよそ半数が会員となっているのだ。

ご存じの方も多いと思うが、日本の医師は圧倒的に「勤務医」が多い。先ほどの厚労省統計によれば、2022年末時点で、病院、医療機関付属病院、診療所の勤務者をすべて足した統計は25万1833人。それに対して病院、診療所の開設者、つまり「開業医」は7万5611人と勤務医の3分の1以下だ。

しかし、日本医師会の会員は「開業医」と「勤務医」の比率が半々である。つまり日医というは、開業医はかなり高い確率で入会しているが、医師の多数派である勤務医はほとんど入会しないというメンバー構成となっている。かなり会員構成が偏った団体なのだ。その「開業医偏重」をこれ以上ないほどわかりやすく示しているのが、日医の「代議員」だ。

「代議員」とは、都道府県医師会から選出された代表者たちで、彼らが参加する代議員選挙で日医会長が選ばれている。そんな会員の意志を執行部に反映する代議員に「勤務医」はどれほどいるのか。日医の「令和5年度勤務医会員・部会現況調査」によれば、この時点で代議員は376人。そのなかで勤務医はどれだけいるかというとわずか57人。代議員全体の15・2%しかない。これでは勤務医の意見が反映されるわけがない。

つまり日医は「お医者さんの団体」というより、「診療所やクリニック経営者の団体」と表現したほうが正確なのだ。

コロナ禍での開業医保護

開業医が発言権を持つ団体なので、当然、開業医のメリットにつながる活動に重きを置かれる。群馬県高崎市で小児科クリニックを開業している釜萢医師を「組織内候補」として自民党に送り込んでいるのは、開業医の保護、そして権益を守るという意味合いが強いのだ。

そのような意味で日医は、同じく自民党の有力支持団体の一つである「日本商工会議所」に近い。日本商工会議所は全国の中小企業経営者の団体であり、中小企業経営者の権益を守るための活動をしている。日医と同じく組織内候補を自民党に送り込んで「最低賃金の引き上げ」を抑制するように政治的プレッシャーをかけさせている。

「日医＝圧力団体」という事実は、永田町の反応がすべて物語っている。国会議員、秘書、政策関係者たちに「日医」という言葉を投げかけると、一般の人たちのような「医療」のイメージを抱く者はほとんどいない。「献金」「選挙協力」などの生々しいワードとともに、その「政治的影響力」への評価や畏怖が語られることがほとんどなのだ。

それは無理もない。客観的かつ冷静にこの団体が、政治の世界でやっていることを的確に表現をする言葉は「フィクサー」になるからだ。

例えば、「政治とカネ」の問題に関して言えば、日医は自民党に最も「カネ」をバラ撒いている。関連政治団体「日本医師連盟」「国民医療を考える会」は、全国の医師会から10億円近い寄付を集めて、そのうちの3億～5億円を自民党本部はもちろん、全国各地の候補者への献金や政治資金集めのパーティー券に充てている。菅義偉《よしひで》政権時の政府高官も「政治とカネ」の問題をこう述べる。

「コロナ禍で問題になった医療崩壊は、発熱した人をクリニックや診療所が門前払いにして、公立病院や大きな民間病院に患者が集中してしまったためです。そこで開業医も受け入れるべきだという解決策が出たのですが、日医から〝開業医は地域医療を守る役目がある〟という猛烈な反対意見が寄せられて、結局、頓挫《とんざ》しました。まともな国ならば一蹴されるような自己中心的な主張ですが、日医マネーが大量に流れ込んでいる自民党政権はあっさりと服従。公立病院や大きな民間病院は野戦病院のようになって、町のクリニックは閑古鳥。しかも、そのような過剰の開業医保護が、コロナ対策の補助金だけもらって実際は患者を受け入れない〝幽霊病床〟という問題も引き起こしました。私に言わせれば、日本のコロナ医療は大失敗。日医と自民党の〝癒着〟が招いた人災ですよ」

もちろん、政治家は「カネ」さえもらえればいいというわけではない。「選挙に落ちればただの人」という言葉もあるように、献身的に選挙を支えるボランティアを派遣したり、「票の取りまとめ」をしてくれたりということが大事だが、医師会はそれなりに貢献している。

日医の「組織内候補」であり、前日医会長の横倉義武氏の「秘蔵っ子」としてかわいがられていた自見英子参議院議員の得票数がそれを示している。２０２２年、２回目の参院選で自見氏の獲得した票は21万３３６９票。郵便局長会の組織内候補、長谷川英晴氏（41万４３７０票）には遠く及ばないが、建設業団体の組織内候補である足立敏之氏（24万７７５４票）に迫る勢いだ。看護師の業界団体の組織内候補である友納理緒氏（17万４３３５票）や日本薬剤師連盟副会長も務める神谷政幸氏（12万７１８８票）と比べても頭ひとつ飛び抜けており、まさしく自民党の「医療系ロビー団体」のリーダー的存在と言ってもいい。

「かつて日医の組織内候補は１００万票を集めた時代もある。それに比べればかなり集票力は落ち込んでいますし、最近は25万票という目標も達成できていない。しかし、それでもまだ地域内で開業医は〝地元の名士〟ですから、自民の人間としては頭の上がらない存在です。〝病気でお世話になっている〇〇先生が応援しているから私も入れます〟という感じで選挙区内の票をまとめてくれるお医者さんもいますからね」（自民党国会議員秘書）

目的は「診療報酬」の引き上げ

このような自民党への絶大な影響力を用いて、日医はいったい何を政治に求めているのか——。それは「診療報酬の引き上げ」である。

診療報酬とは、患者が公的保険制度を利用して医療機関を受診した際にかかる医療費のこと。つまり、医療機関が受け取る診療への「対価」の規定である。この診療報酬は2年ごとに改定される（診療報酬改定）。ここで「プラス改定」を勝ち取っていくことが、日医会長の最重要任務とされる。もしここで日医として望むような結果が得られない場合、診療報酬改定後のタイミングで行われる会長選挙で厳しい審判が下される。前述したように日医というのは、「診療者やクリニック経営者の団体」なのである。診療報酬は医療機関の経営者にとって、生きるか死ぬかの大問題のため当然と言えば当然だろう。

とはいえ、日本政府としても「はい、そうですか」と二つ返事でプラス改定を続けられるわけがない。診療報酬の引き上げは、被保険者（会社員など）の保険料の負担を重くすることであり、働く人の手取りをどんどん減らすことになる。消費も冷え込むため、内需に依存する日本のGDPもどんどん落ち込むという悪循環に陥るからだ。

しかし、日医は2008年以降、9回連続で「プラス改定」を勝ち取っている。もちろん上げ幅については日医的には不満が残る改定もあっただろうが、基本的には「9連勝」と言っていい。では、日医はどうやって自民党に診療報酬の引き上げを働きかけて、この難題を政府にのませてきたのか。それを伺《うかが》わせるのが、2022年度の診療報酬改定だ。

当初、日医や自民党厚労族は「プラス0・5％以上」を要求したが、財務省は「国民負担増」が問題として「プラス0・3％台前半」を主張。両者の綱引きが続くなかで最終的に、岸田文雄首相、鈴木俊一財務相、後藤茂之厚労相による「閣僚折衝」で、「プラス0・43％」に落ち着いた。この背景を自民党国会議員が振り返る。

「あれは麻生太郎さんと岸田さんをしっかり抑えた日医の勝利です。鈴木財務相は麻生派で、麻生さんの義理の弟ですからそりゃ簡単ですよ。ただ、いくら法律的に問題ないとはいえ、日医もあそこまで露骨にカネをバラまくんだとちょっと驚きましたけれどね」

東京新聞の連載シリーズ「医療の値段」の『岸田さんが総理になったから1000万円』…　3度目は辞退し、秘書は20万円パー券を提案した　医療費還流の舞台裏」（2024年9月22日）によれば、実はこの「閣僚折衝」の3カ月前、就任したばかりの岸田首相のもとに日医から1000万円という巨額献金がなされている。しかも、そのほぼ同じ時期、総裁選前に麻生氏率いる志公会にも計5000万円という大口献金があった。

日医は基本的に、自民党国会議員には数十万円～300万円ほどの金額で広く献金している。麻生氏も岸田氏も同様だ。しかし、どういうわけか2021年の自民党総裁選を境にケタ違いの額を献金した。日医が1000万円レベルで献金しているのは、前述の自見氏や羽生田氏という組織内候補、元日医会長・武見太郎氏の息子、武見敬三氏という「医師会系議員」のみだ。

なぜこのタイミングで岸田首相と麻生氏に日医マネーがばら撒かれたのか。報道によれば、中川俊男日本医師会長（当時）が自民党総裁戦で、岸田氏を応援していて日医も党員票の取りまとめに貢献していた。1000万円はいわば「ご祝儀」だという。また、岸田氏の総裁選勝利は「後見人」である麻生氏の派閥（志公会）による後押しもあったので、そちらにもということのようだ。ただ、元日医幹部はこう述べている。

「いろいろな理由をつけていますが、本音の部分で言えば〝財務省対策〟ですよ。岸田首相と麻生氏は自民党内では財政健全派の大物です。言ってしまえば、財務省派ですからその人たちを応援することで、我々の味方に少しでもなってもらおうというメッセージです。5000万という額からもわかるように、日医が重要なキーマンとみているのが麻生氏です」

日本医師会の黒幕

一般国民の感覚からすれば、これは意外な評価だろう。麻生氏は過去に厚労大臣を務めたわけでもないし、医療政策に精通しているイメージもない。

実はあまり知られてないが、麻生氏の家業である「麻生グループ」の中核は「医療」だ。1918年（大正7）、麻生氏の曽祖父・太吉氏が、福岡県飯塚市で創立した飯塚病院は現在、地域最大規模の総合病院となっている。2022年には、同病院は日本科学連盟が運営するデミング賞を医療機関として初めて受賞している。

この他にも療養型病院など複数の病院を経営、さらに病院の経営改善コンサルティングなども行っている。このグループを長く率いてきたのは麻生氏の弟である麻生泰氏であり、現在のトップは甥の麻生巖氏だ。

このように「医療」をファミリービジネスにしてきたということもあるが、医師会が何よりも麻生氏を重要視しているのは、日本医師会名誉会長の横倉氏との盟友関係だ。

かつて横倉氏は古賀誠氏の後援会長を務めていた時期もあって対立した過去もあるが、福岡県医師会長時代からの付き合いで日本医師会の会長になってからも、安倍晋三政権、菅政権を通じて良好な関係を築いてきた。その距離の近さが伺えるのが、先ほど2022年度の診療報酬引き上げである。

医師会から麻生派に5000万円という巨額献金があったということで、東京新聞がこのカネによって便宜が図られたのではないかという疑念を麻生氏にぶつけたところ、さすが大富豪らしく、自派閥にこのような献金があったことさえ知らないとして、「それ（診療報酬）によって金が動くなんていうことはあり得ない」と全否定。ただ、今回の「プラス改定」に自身が関与したことを認めて、あっさりと次のように答えた。

「横倉さんから頼まれて、上げないかんというから上げたよ」（『東京新聞』2023年7月18日）

「盟友」からのリクエストに気軽に応えたようなもの言いに戸惑う国民も多いだろうが、麻生派国会議員によれば、この発言に至るまでには複雑な「裏事情」があるという。

「実は麻生氏は派閥に5000万円の献金をした中川執行部のやり方に不快感を示したという話がある。あまりにも露骨で、これでは麻生氏がカネで診療報酬引き上げをさせていると取られてもしょうがない。その不満が横倉さんを介して医師会内部に伝えられて、〝横倉クーデター〟につながったという話がある」

2021年12月、2022年度の診療報酬「プラス0・43％」が決まってからおよそ半年後。日医に大激震が走る。続投を目指す中川会長の「対抗馬」として、松本吉郎副会長が出馬を表明したのだ。中川会長にとって信頼できる側近で、次期も副会長ポストが約束されていた。いずれは中川氏から会長職を「禅譲」されるという憶測もあったなかでの完全な「裏切り」だ。

　医師会内部では、これを仕掛けたのが、横倉名誉会長ではないかといわれているのだ。

　結果、中川会長は出馬を断念、松本氏が新会長に就任した。それは同時に「キングメーカー」として横倉氏が「復権」をしたということを知らしめるということでもある。それは「盟友」である麻生氏にとっても悪いことではない。だからそれを後押しするような、「横倉さんに頼まれた」ということをわざわざ言ったと推測される。

「普通に考えて、診療報酬の引き上げについて聞かれれば、〝医療の適正化に何が必要かを検討して適切な判断をした〟などと言いますよ。実際これまでの大臣はそう答えている。にもかかわらず、わざわざ横倉名誉会長の名前を出して陳情の結果だと明言するのは、それほど横倉氏に力があるということを日医に伝えたいわけです。中川前会長だって麻生氏や岸田氏にお願いしていたわけで、それを黙殺してわざわざ〝名誉会長〟の名前を出したのはこれが理由です」（前出・日本医師会幹部）

武見敬三と自見英子

　そんな麻生氏の〝横倉推し〟がよくわかる人事がある。「横倉さんから頼まれた」発言からおよそ2カ月後、第二次岸田内閣で麻生派の武見敬三参議院議員が、厚労大臣に任命されたのだ。

「武見氏は組織内候補ではありませんが、日医から多額の献金と選挙支援を受けている〝日医お抱え議員〟。そんな人が大臣になったら、医療行政が歪《ゆが》められるのではないかという懸念の声が各所で上がりました。岸田首相がなぜこんな人事をしたのか。それは、首相の後見人である麻生氏がねじ込んだのではないかといわれています」（全国紙政治部記者）

　では、麻生氏はなぜ武見氏に厚労大臣のポストを与えたかったのか。それが伺える写真が、武見氏のインスタグラムに上がっている。パーティー会場のようなところで撮影された写真である。武見氏の両脇には2人の男性がいる。そこにはこんな投稿がなされている。「日本医師会新年会にて向かって左側尾崎東京都医師会長、右が横倉日本医師会長両巨頭に支えられて私も頑張ります！」（2020年1月21日）

これは社交辞令でもなんでもなく「事実」だ。尾崎氏は「武見敬三後援会連合会会長」で選挙を支えている。そんな尾崎氏は横倉氏を師と仰いで一時期は「後継者」とも目された人物だ。つまり、武見敬三厚労大臣誕生というのは政界、医療界に対して「麻生─横倉ライン」がいかに強いのかという強烈なメッセージになったというわけだ。

しかも、麻生氏の「アピール」はそれだけにとどまらない。実はこの時の組閣では、日医の「組織内候補」である自見英子氏が国際博覧会担当大臣に就任している。「医師会がなぜ万博に関係するの？」と首を傾げる人も多いだろうが、これは「横倉案件」だ。

実は横倉氏は日医会長時代の2018年1月に「2025年国際博覧会誘致特使」に就任。名誉会長となった今も「大阪万博」関連のシンポジウムで登壇するなど関係を続けている。そのため自見万博大臣誕生も「麻生─横倉ライン」によるものだという見方をする者も多いのだ。

ちなみに、この武見大臣と自見大臣という医師会系議員2人はこの後に発生する「紅麹《べにこうじ》問題」の主役となっていく。万博担当相から消費者担当大臣となっていた自見氏は「機能性表示食品制度の見直し」を検討。武見氏も、サプリメントなどの機能性表示食品を食べた人が病院を訪れ、そこで医師が健康被害の疑いを把握して事業者に指摘した場合、事業者が都道府県知事などへ報告することを義務付けるようにしたのだ。これに対し、機能性表示食品を製造するメーカー関係者はこう語る。

「機能性表示食品への批判的な声が上がるなかで、政府はかなり業界側の意見を聞いて、この制度自体は守ってくれた印象です。ただその一方で、医療の権益を増やそうとしているように見える。かねてから日医はサプリメントや健康食品の摂取は〝かかりつけ医〟に相談をするようにと注意喚起をしています。今回の件は、小林製薬という一企業の杜撰《ずさん》な製造工程に問題だったにもかかわらず、機能性表示食品全体に問題があるかのようにメディアで盛んに主張する医師もいました。健康被害報告などで医師の関与が強くなったのは、いずれこの業界も医師たちが主導権を握りたいからではないでしょうか」

医療行政をめぐる日医への逆風

このような「憶測」が流れるというのは裏を返せば、それほど日医の政治的存在感が増してきているということだろう。ただ、その先行きは「安泰」というわけでもない。

石破茂政権の誕生で、長らく財務省の権益を握ってきた麻生氏は「自民党特別顧問」という名誉職に封じ込められた。石破内閣でも麻生派の議員は、経済産業相に武藤容治氏、環境相に浅尾慶一郎氏と、「医療」とかなり距離があるポストが与えられた。

日医自身にも「逆風」が強まっている。２０２３年11月、財務大臣の諮問機関「財政制度等審議会財政制度分科会」が診療報酬をマイナス改定にすべきといつもの提言したのだが、そこで日医が嫌がる「不都合な真実」を提示した。

それは「診療所」の好業績だ。財務省が町の小さなクリニックや診療所を対象に調査をしたところ、２０２２年度の経常利益率は平均で８・８%。中小企業全体の平均はおよそ３%なので、かなりの好業績と言える。しかも「内部留保」も多い。利益剰余金の平均は２０２２年度１億２４００万円で、２０２０年度から１９００万円も増えた。

つまり、「診療所はずいぶん儲かってカネも溜め込んでいる。一方で、診療報酬プラス改定を続けていくと、また保険料負担が増えて、働いている人たちの手取りがどんどん減少していくから、国民のために我慢してよ」というわけだ。

もちろん日医は大激怒して、地方の小さな診療所などがいかに経営難か反論をしている。しかし、このデータに賛同して、たいしたこともない風邪や腰痛の塗り薬などで、わざわざ病院に行ってたくさんの薬をもらってくる「過剰受診」の問題などを指摘して、保険適用の範囲を見直すべきだという意見も増えている。

つまり財務省は、日医が理想としている、これまでの国民皆保険システム、そしてこれまでのような診療報酬プラス改定の「常識」が、もはや不可能だと考えているのだ。

そのような「逆風」のなかで「麻生—横倉ライン」も機能しないとなると、焦った日医としては中川体制で行われたような1000万、5000万という露骨な「高額献金」攻勢を始めるのかもしれない。

ただそれも冷静に考えてみれば、献金されるカネの原資は保険料や税などからなる医療費だ。つまり、日医は政治家に医療費をたらふく献金して、ちびちびと医療費を上げてもらっているという、なんの生産性もない不毛な循環システムを回していることになる。

「医療を守っている」と言われると、我々一般国民は文句が言いづらいが、そろそろ真剣に「政治と医療」の問題にメスを入れないと、日本の未来はとんでもないことになってしまうのではないか。

▼第二次安倍政権以降に１３０億円が〝消えた〟

〝党利党略〟のために公金を使用!? 官房機密費は自民党の「裏金」か

内閣官房長官が独断で運用できる内閣官房機密費。第二次安倍政権以降は、国政全体の利益ではなく政権の党利党略のために支出された疑惑が浮上している。

文＝矢野昌弘 ―『しんぶん赤旗』社会部記者

裏金問題の渦中に官房機密費を引き出した松野氏

「言わなくていいことを言うのに、いなきゃいけないときにいない」

２０２４年1月1日夕方に発生した能登半島地震。現地の何人もの被災者から、この言葉を聞いた。

批判されているのは石川県知事の馳浩氏だ。震災発生時、馳氏は東京都内の自宅に帰省中だった。新幹線や飛行機で石川県に帰ることができず、同日夜に自衛隊のヘリコプターで石川県に戻ってくるというドタバタに県民は頼りなさを感じたことだろう。

しかも馳氏は1カ月半前の２０２３年11月17日、東京都内での講演で、東京オリンピック・パラリンピックの招致活動で内閣官房機密費（内閣官房報償費。以下、官房機密費）を使ったことを明らかにし、問題になったばかりだった。

馳浩・石川県知事の衝撃発言

共同通信の報道によると講演で馳氏は、開催地決定の投票権を持つ国際オリンピック委員会（ＩＯＣ）の委員１０５人に、それぞれの現役選手時代の写真をまとめた1冊20万円のアルバムを官房機密費で作成したと語った。「それを持って世界中を歩き回った」とも述べ、渡したＩＯＣ委員の名前も明かしたという。２０００万円を超える官房機密費が使われたことになる。

さらに馳氏は安倍晋三首相（当時）から「絶対に勝ち取れ」「金はいくらでも出す」と発破をかけられたとも告白している。

馳氏は２０１３年当時、自民党所属の衆議院議員で自民党の東京五輪招致推進本部長だった。同年9月のＩＯＣ総会で２０２０年の東京開催（新型コロナウイルスの世界的な感染拡大のため、実際には21年に開催）が決定した。

その後、馳氏の講演での発言と符合する事実がいくつか出てくる。

まず、総会出発前の２０１３年8月1日に馳氏が総理官邸に赴き、安倍首相と面会したことが新聞各紙の「首相動静」で確認することができる。

さらに馳氏のブログには、２０１３年にスポーツ写真を扱う会社の社長と打ち合わせたことや、菅義偉《よしひで》内閣官房長官（当時）と面会したことが記されている。菅氏は官房長官として官房機密費の取り扱い責任者でもある。ブログから「想い出アルバム作戦」と命名していたことも判明した。

誰が聞いたわけでもないのに馳氏から飛び出したこの衝撃発言。問題点は多々あるが、ＩＯＣ委員に東京開催に賛成票を入れてもらうことを期待して贈答品を贈ることが、ＩＯＣの倫理規定第4条に違反することは見逃せない。

馳氏は発言の翌日、記者会見で「私自身の事実誤認もある発言。全面撤回する」とした。発言の翌月12月

12日の石川県議会一般質問で、馳知事は日本共産党の佐藤正幸議員から「どこが誤認なのか」と追及を受けた。馳知事は「自民党の予算を使い、五輪招致の活動を行った。アルバムは参考資料として数冊作った」と答弁した。しかし自民党の政治資金収支報告書に、そういった支出の記載は見当たらない。

そうなると、馳知事が最初に述べた（誰からも聞かれていないのに）ように官房機密費からの支出と考えるのが自然だ。

この発言は馳氏の知事としての資質に疑念を投げかけるものだった。その後の能登半島地震で大きな被害を受けた奥能登地方は、震災から半年を過ぎても倒壊した家屋の多くが撤去されないままだ。そこに９月の豪雨が発生、被災者に追い打ちをかけた。石川県民の感覚とは隔たった馳知事のもとで、震災復興はどう進んでいくのか。住民たちは不安が募るばかりであろう。

菅官房長官が贈った90万円のウイスキー

官房機密費の原資は言うまでもなく国民の税金だ。公金であるにもかかわらず、取り扱い責任者である内閣官房長官や政権の裁量で支出を決められる。

通常、国の支出は目的と内容、金額を予算案として公にして、国会での可決を経て執行される。

ところが官房機密費は官房長官が大臣官房の会計課長に官房機密費を請求し、官房長官に渡された時点で、国の予算支出が〝終わり〟となる。会計検査院からも支出先や支出目的、領収書などの提示を求められることはない。何に使ったのか、政権中枢の人物しか知りようがない「公金」なのである。

不適切な支出をしたことはないのか——。

歴代政権はこれまで「内政、外交を、円滑かつ効果的に遂行するため、その都度の判断で機動的に使用する経費であり、国政の遂行上不可欠のもの」と〝無《む》謬《びゅう》〟を言いつのってきた。

２０１２年12月に発足した第二次安倍内閣が２０２０年９月に退陣するまでの７年８カ月間に支出した官房機密費は総額94億円を超える。

政権発足すぐの安倍首相にとって東京オリンピック・パラリンピックの招致は、政権の求心力を高めるうえで「必ず勝ち取り」たかったのだろう。その招致運動の工作資金に官房機密費を充てたのではないか。

官房機密費について歴代の官房長官が述べる定型句である「内政、外交を、円滑かつ効果的に遂行するため、その都度の判断で機動的に使用する経費」という名目が時の政権に都合よく解釈されて、限りなく私物化されている疑いがある。

馳知事の証言は、官房機密費がどんな使われ方をしているのか、ある意味、雄弁に物語っている。つまり、IOCの倫理規定に違反する贈答品のように、記録を残せば後に違法性が問題にされそうな黒またはグレーな案件の支出に格好な資金ということである。

贈答品の話でいえば、もう一つある。2019年5月、当時の米トランプ政権においてアジア政策を担当する中心人物に、官房長官だった菅義偉氏が高級ウイスキーを贈っていたのだ。この事実は米国務省が公表した文書で判明した。

この文書によれば、米国家安全保障会議（NSC）のアジア上級部長だったマット・ポッティンジャー氏に、推定で8374ドル（当時の為替相場で約92万円）相当の高級ウイスキーが菅氏から贈られたという。このウイスキーが「ジャパニーズ・ウイスキー」なのか気になるところだが、あいにく国務省の公表文書にはそこまでは書いていなかった。

米政府の規定では、米当局者が他国政府関係者から約400ドルを超える価値のある贈答品を個人として受け取ることはできないとしている。これは米国の主権を守るべく、米当局者を他国の買収工作から守るために講じられたルールなのだろう。しかし、ポッティンジャー氏は「受け取らなければ相手に対して失礼」として受け取ったと報告されている。

菅氏の高級ウイスキーの購入費用の原資はどこから出ているのか。しんぶん赤旗が購入費用を政府に情報公開請求したところ、支出した記録はなかった。つまり、日本政府のオモテの金ではないということだ。菅氏の関連政治団体の政治資金収支報告書にも高級ウイスキーとみられる支出はなかった。

そうなると、ポッティンジャー氏への贈答品の原資は菅氏のポケットマネーか、官房機密費かのどちらかと考えられる。米政府の要人とはいえ、ポケットマネーで92万円もポンと払うものなのか。みなさんは、どう考えるだろうか。

「総理2800　すがっち500」

中国地方を主要販売エリアとする中国新聞は地元、広島の参議院選挙区で2019年に起きた河井克行元法相の大規模買収事件を詳しく報じてきた。

同紙が2023年9月8日、検察が河井元法相宅から押収したメモに、「総理2800　すがっち500」など4人の安倍政権幹部の名と数字が記載されていたことを報じた。

〝メモ魔〟として知られる河井元法相。この押収されたメモは、安倍晋三首相から2800万円、菅義偉官房長官からは500万円を受領したことを意味し、妻の河井案里氏の初当選のために安倍政権の幹部4人から計6700万円を受け取った疑いを示すものとして注目された。

2019年の参院選広島選挙区。改選議席数2の同選挙区で、河井陣営が競合したのは野党だけではなく、同じ自民党現職の溝手顕正氏（故人、元国家公安委員長）もいたのである。

溝手氏は、民主党政権時代に記者会見で安倍首相のことを「過去の人」と述べたことがあった。安倍首相は、溝手氏のこの発言を恨んでいたのだろうか。河井氏の擁立を政界関係者が「首相の私怨」と指摘する記事もあった。

自民党広島県連は現職の溝手氏への一本化を望んでいたが、党本部は河井法相の妻、河井案里氏を追加公認した。2議席独占を狙うと言うのだ。

溝手氏と河井氏には同じ自民党候補とは思えぬほどに党本部、官邸からの支援には差があった。報道によると、党本部から河井夫妻が代表を務める政党支部には1億5000万円が提供された。溝手氏が受け取った額の10倍だったという。

選挙は河井案里氏が当選し、溝手氏が落選する結果となった。しかしその後、河井陣営の大規模な買収工作が発覚。県内の地方議員や首長ら計100人に選挙運動報酬としておよそ2871万円を提供したことがわかったのだ。河井夫妻は2020年6月に逮捕され、ともに有罪判決が確定している。

「すがっち500」などとメモに記された疑惑の数字。菅氏の政治資金収支報告書には、そうした支出を伺《うかが》わせる記載はない。溝手氏側に提供した選挙資金の10倍といわれる金の他にも、公にできない金が提供されていたことになる。買収資金として河井元法相は党本部が提供した1億5000万円ではなく、「手持ち資金を使った」と供述していたが、この「すがっち500」が買収の原資だったことが疑われているのだ。それはつまり、官房機密費が原資ではないのかという疑惑でもある。

中国新聞は2024年5月9日付の紙面で、2013年の参院選で安倍晋三首相（当時）が東日本の選挙区に応援に入った際、候補者に現金100万円を渡したことを報じている。記事によると「個室で面会する場面があり、安倍氏からA4判の茶封筒を受け取った。茶封筒の中には白い封筒が入っており、その中に100万円が入っていた」という候補者の証言を掲載している。

この100万円について、安倍氏の関連政治団体の政治資金収支報告書に記載はなかったという。中国新聞の取材では、複数の元政権幹部が、使途が公表されない官房機密費が使われた可能性があるとの見方を示した、としている。

この記事の翌日の中国新聞（5月10日付）はまたも1面トップで、2000年以降の自民党政権で官房長官を務めた人物が「国政選挙の候補者に陣中見舞いの現金を渡す際に官房機密費を使った」とする証言を報じた。

官房長官経験者によるこうした証言で注目されるのが、麻生太郎内閣（2008年9月～09年9月）で官房長官だった河村建夫氏の発言だろう。

麻生内閣で官房長官を務めた河村建夫氏

河村氏は複数のメディアの取材に対し「陣中見舞いとして持っていくことがあった」「官房長官として（応援に）呼ばれた際や、（自民党）総裁が（応援に）行かないといけないケース」で選挙向けに支出したと発言。「自らの手帳に記録を残したと語ったが、具体的な支出先や金額を明らかにしなかった」と報道されている（２０２３年12月４日付『朝日新聞』）。

取り扱い責任者だった官房長官経験者が国政選挙への支出を証言した点で河村氏の話は衝撃的だ。

２０２４年５月の中国新聞の連続スクープは政界にインパクトを与えた。火消しにあたったのは、自民党政治刷新本部の法整備に関する作業部会座長、鈴木馨《けい》祐《すけ》衆議院議員だ。鈴木氏は「選挙目的で官房機密費を使うことはない。そこは断言したい」（２０２４年５月12日放送のＮＨＫ討論番組）と述べた。

そう否定した鈴木氏だが、日本共産党の小池晃書記局長から「断言した根拠は何か」と尋ねられるも、「私はそれ以上コメントしようがない」としか答えることができなかった。

鈴木氏の発言はあまりにも軽はずみだ。少なくとも第二次安倍内閣以降の自民党政権は、官房機密費をフリーハンドで使えるように腐心してきたからだ。

〝聖域〟にしたい自民党歴代政権

2018年1月に最高裁小法廷が、官房機密費の支出に関する文書の一部開示を認める判断を初めて示した。この判断が出るまで、官房機密費の支出について国に情報公開請求をしても、紙切れ1枚出てこなかったのである。

官房機密費に関する行政文書の開示を求めたのは、自民党のパーティー券裏金疑惑で同党議員らを刑事告発した上脇博之神戸学院大学教授が共同代表の「政治資金オンブズマン」のメンバーだ。

最高裁判断を受けて原告と弁護団は当時の菅義偉官房長官にあてて要求書を作成した。要求書には官房機密費を国会議員や公務員、マスコミ関係に支出を禁じる内規を設けること、一定期間後に支出内容を公開するといった提案を盛り込んだものだった。

判決当日、上脇教授らが内閣総務官室に直接、赴いた。要求書を職員に手渡そうとしたが職員は面会を拒み、上脇教授らの前に出てくることもなかった。その後、郵送で要求書は内閣総務官室に送られたが、返事もなく、検討した様子も伝わってくることはなかった。

その後も歴代の内閣が「国の機密保持上、使途等を明らかにすることが適当でない性格の経費として使用されてきており、個別具体的な使途に関するお尋ねにはお答えを一切差し控えている」（林芳正官房長官、2024年5月13日の会見）と判で押したような回答を繰り返している。

2024年5月24日に岸田文雄内閣は、官房機密費を選挙に支出したことがあるかという質問主意書に対して「現内閣において確認を行うことは考えていない」とする答弁書を閣議決定した。

内閣が確認する気がない案件について、官房長官ではない前出・鈴木氏が官房機密費の使途について「断言する」こと自体が滑稽なのだ。

政権は官房機密費をいかにフリーハンドで使うことができるのか。それを理解するために、官房機密費には3類型の支出があることを知る必要がある。

類型①　調査情報対策費

情報提供者への対価や、情報収集のための会合費用として料亭・ホテルなどに支払うもの。

類型②　活動関係費

交通費や書籍代、情報収集にかかった経費、贈答品の購入や慶弔費など。

この①②は官房長官の事務補助者として、内閣総務官ら官邸の職員が出納管理に関わる支出であることがわかっている。

それに対して類型③「政策推進費」は官房長官自身が出納管理する金で官房長官の判断により支出される金だ。①と②の支出に関しては官邸職員の事務補助者が関係するのに対し、この政策推進費の取り扱いは官房長官のみで行う。そして政策推進費は、内閣総務官が官邸の官房機密費の金庫から官房長官が管理する金庫に金が移された時点で支出完了とされる。そこから先どこに金が渡ったのかは、官房長官しかわからない。

官房機密費は会計検査院など外部から領収書などの提示を求められることはない。しかし、①と②の支出については官邸の職員が会計処理を行うため、内部的には領収書や請求書等が必要となる。

ところが③の政策推進費は官房長官が独断で支出する金のため領収書等は一切不要である。つまり、まったくの〝つかみ金〟が政策推進費であり、官房機密費のなかで最も裏金的要素が高い金がこれだ。

9割以上が「政策推進費」

官房機密費の年間予算は12億3021万1000円となっている。とはいっても、突発的な危機に対応する金なので、毎年必ず支出が必要な場面があるとは限らない。使い切らなければ国庫に返納することになる。

しかし、第二～四次安倍政権、菅政権、岸田政権と直近の3つの内閣は毎年度ほぼ使い切り、わずかな額しか国庫に返納していない。2021年度から23年度までの12年度分を合わせても122万円しか使い残していなかった。

では、政策推進費は官房機密費全体でどれくらいの割合を占めているのだろうか。日本共産党の塩川鉄也衆議院議員は衆議院内閣委員会(2024年2月16日)で、この点を尋ねている。

林芳正官房長官の答弁によると、第二次安倍内閣(菅義偉官房長官)で91%、菅内閣(加藤勝信官房長官)95%、岸田内閣(松野博一官房長官)96%が政策推進費の支出というのだ。

金額ではどうなるか。情報公開請求でしんぶん赤旗が入手した資料を基に集計すると以下の通りだ。

第二次安倍内閣86億8000万円余(総額94億6000万円余)、菅内閣12億円余(同12億6000万円余)、岸田内閣32億円余(同32億2000万円余。岸田内閣は2024年5月分までの集計分)。

自民党が2012年12月に政権を奪還してから130億円という巨額の現金が官房長官の手に消えたことになる。「適正な支出」はどう担保されているのだろうか。

共産党の塩川衆議院議員の質問に林官房長官は「内閣官房長官の判断と責任のもとに厳正で効果的な執行を行っている」「(政策推進費は)官房長官としての高度な政策的判断により機動的に使用することが必要な経費であり、長官が直接相手方に支払うもの」と言うのだ。つまり、〝歴代の官房長官が適切に判断しているから、間違った支出はない〟という理屈だ。「官房長官を信じなさい」と言っていることに等しい。

裏金問題と松野官房長官

では、この人の場合も官房機密費が「厳正で効果的な」支出をされていると信じていいのだろうか。林氏の前任の官房長官、松野博一氏のことである。松野氏は自民党の清和政策研究会(旧安倍派、現在は解散)で「五人衆」の一人に数えられる有力議員だった。

この松野氏が岸田内閣で官房長官に在任中だった2023年12月、自民党のパーティー券裏金疑惑で捜査の手が及ぼうとしていた。

松野氏は２０１８年からの5年間で、安倍派から還流を受けたパーティー券の売上げ１０５１万円を自身の政治団体の政治資金収支報告書に記載していなかった。不記載だった理由について松野氏は「派閥事務局から『記載不要』の教示があった」と会見で述べた。自身の政治団体の収支について、なんとも人任せな言い草である。

２０２３年12月1日、大手新聞などメディアは一斉に自民党のパーティー券裏金疑惑で東京地検特捜部が松野氏らの立件を視野に捜査していると報じた。この報道以降、松野氏の官房長官交代はやむなしの声が日々強まっていく。そして12月14日、松野氏は事実上の更迭となり、後任の林芳正氏に官房長官を引き継ぐことになった。

この松野氏の捜査・立件報道から更迭に至るまでを、官房機密費の動きで辿《たど》ると大変興味深いことが見えてくる。

東京地検特捜部が「松野氏の立件を視野」と報じた12月1日。松野氏は官邸にある官房機密費が入った金庫から９６６０万円を政策推進費に振り分け、政策推進費用の金庫に移していた。そして同月14日、林氏が官房長官を引き継いだ時、政策推進費用の金庫に残っていたのは５０００万円だった。

つまり、２週間で松野氏は４６６０万円を支出したことになる。この間に官房機密費を使わなければならない内政、外交で喫緊の課題などあったのだろうか。しかも裏金疑惑の渦中の人物として、自身の政治資金の取り扱いについても疑問符が付けられている人物が、４６６０万円もの大金を領収書なしで支出することなど許されていいのだろうか。

松野氏を官房長官に任命し、疑惑発覚後も官房機密費の取扱責任者を続けさせた岸田文雄首相の責任も重いと言わざるを得ない。

松野氏は官房長官在任中（２０２１年10月〜23年12月）に27億４６００万円余りの官房機密費を支出している。このうち政策推進費は26億５０１０万円。松野氏の在任期間は８０２日だから、毎日３３０万円を彼自身の判断で支出した計算になる。

■

ここまで書いてきたように官房機密費を巡っては、自民党第二次安倍政権から国政全体の利益ではなく、自民党の党利党略や官邸の思惑によって支出された疑惑が浮上している。参院選広島選挙区の大規模買収事件では民意を歪め、フェアプレーを謳《うた》うオリンピックの崇高な精神を貶める結果となっている。

官房機密費をすぐになくすべきとは思わない。しかし上脇教授らが提案するように、国会議員や公務員、マスコミ関係者への支出を禁じるといったルールづくりと、一定期間後に支出を開示するルールを直ちに定める必要がある。

『しんぶん赤旗』日曜版のスクープに端を発して、自民党を直撃したパーティー券裏金疑惑。自民党の調査では、2018年から2022年に計85人が、派閥の政治資金パーティー券の売上げ5億7949万円を政治資金収支報告書に記載していなかった。

自民党は金に困っているわけではない。同党には企業・団体献金に加え、政治資金パーティーの売上げ、政党助成金と、自民党の〝オモテ〟の政治資金は潤沢だ。近年の自民党本部の繰越金は180億円を超えている。これは自民党が受け取っている政党助成金1年分に匹敵する額である。言い換えれば、政党助成金を1年間、受け取らなくても困らないほど金が余っているとも言える。

これだけ潤沢に〝オモテ〟の金があるのに、発覚すれば政治生命を失いかねない裏金づくりに、なぜ自民党の国会議員が手を出すのか。表の金でなく裏金が欲しい理由は何だろうか。

自民党政治の奥の院では、裏金が果たす役割は想像を絶するものがあるのだろう。国民の税金が原資である官邸の官房機密費に、日本政治の裏金史の源流があることは間違いないと思われる。

▼制度改革の失敗と年金資産のマネーゲーム投入

自民党政権が犯した「年金政策」2つの大罪

年金制度改革「100年安心プラン」の破たん、年金資産の株式市場への投入。自民党政権が残した負の遺産は、将来にわたり多くの国民が引き受けることになる。

文＝**溝上憲文**｜ジャーナリスト

年金資産をリスクの高い株式市場に投入

公的年金制度の５年に一度の大改正が２０２５年に予定されている。国民の老後生活を左右する重要な改正であるにもかかわらず、石破茂首相は２０２４年10月４日の所信表明演説でこう述べただけだった。

「医療・年金・子育て・介護など、社会保障全般を見直し、国民の皆様に安心していただける社会保障制度を確立します。その際、今の時代にあった社会保障へと転換し、多様な人生の在り方、多様な人生の選択肢を実現できる柔軟な制度設計を行います」

非常に抽象的で具体的な中身には一切触れていない。衆議院選挙を前に国民の議論を呼ぶ争点に蓋《ふた》をするのは自民党の常套手段だ。

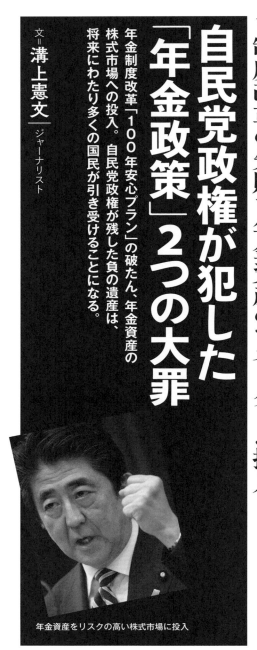

実は、2024年に行われた年金財政の検証で改正プランが示されたにもかかわらず、早々と引っ込めた案がある。基礎年金の保険料拠出期間を現行の40年(20～59歳)から45年(20～64歳)に5年間延長する案が政府の審議会で示されたが、見送りとなったのだ。

その理由について事務局は「総合的に考えたなかで、苦渋の判断」と説明したが、首相官邸(岸田文雄首相=当時)の意向が働いたと推測されている。

基礎年金保険料の5年間延長についてはSNSなどでも批判が相次いでいた。すでに年金を受給している高齢者ではなく、若年世代にしわ寄せが来るという批判もあった。当時、〝増税メガネ〟と揶揄《やゆ》されていた岸田首相にとって、次期衆議院選挙の障害になると考えても不思議ではなかっただろう。また、基礎年金の2分の1は税財源が投入されており、5年間延長されると1兆円程度の財源が必要になる。そのための増税が必要になるが、それを避けたかったという穿《うが》った見方もある。

「100年安心プラン」の破たん

ところで、なぜ5年間の基礎年金の保険料拠出期間の延長を打ち出したのか。その理由は、2004年に自民党・公明党政権の年金改正で決定した「100年安心プラン」が破たんしたからだ。

100年安心プランは、高齢者の年金額はそのまま維持し、今後受給する世代の年金額を不安定にする大改正だった。

給与の天引きで毎月支払っている年金保険料は、自分が老後に受け取るために積み立てていると思っている人がいるかもしれない。銀行の積立預金や生命保険会社が販売している個人年金と同じ仕組みであると。

その認識は100年安心プランの改正までは決して間違いとは言えなかった。年金制度を所管する厚生労働省自身がある時期までは、日本の年金制度を「修正積立方式」と呼んでいた。つまり、「年金保険料は税金とは違います。保険料の一部はお年寄りの方に払っている部分はありますが、あなた方が支払った保険料は最終的にあなた方に返ってくるように積み立てているのです」とずっと言い続けてきたからだ。

ところが、その説明をまったく封印してしまったのが、2004年の年金改正だ。

厚労省や当時の自民党・公明党政権は改正により「修正積立方式」から「賦課《ふか》方式」に切り替えたのである。賦課方式とは、支払った保険料を自分の老後のために積み立てるのではなく、そっくりそのまま、現在の年金受給者に振り向ける仕組みである。

つまり、従来の積立方式を一切放棄し、保険料を支払っている現役世代よりも、今の年金受給者への給付を最優先するという驚くべき制度改革を実施したのである。

修正積立方式から完全賦課方式に転換したということは、年金制度が破たんすることがなくなったことを意味する。なぜなら完全賦課方式は、現役世代が支払う保険料分しか給付に回さないという仕組みであり、どんなに少子化が進んでも、また、保険料の滞納者や年金未納者がいくら増えても、入ってくる分しか支払わないのだから原理的に破たんすることはないのである。

もちろん100年安心というからにはその手当もしなければならない。当時の厚労省は、厚生年金の場合、2005年時点で162兆8000億円ある積立金は2022年度には底をつくと試算していた。そうなれば、2022年度以降は大幅な給付の削減、もしくは保険料のアップをしなければならなくなると訴えていた。

年金保険料引き上げとマクロ経済スライド

100年安心プランの柱の一つは、2000年の改正以来、凍結されていた年金保険料の引き上げだった。会社員や公務員は給与から年金保険料（労使折半のため実際の天引き率はその半分）が徴収されている。自営業者は国民年金保険料を納付している。

100年安心プランでは、厚生年金の保険料は毎年

0・354%ずつ引き上げ、2017年度以降は18・30%で固定する。国民年金保険料は毎年280円ずつ引き上げ、2017年度以降は1万6980円で固定し、それ以上引き上げないというものだった。

そしてもう一つがマクロ経済スライドによる給付の抑制だった。マクロ経済スライドとは、賃金と物価の上がり幅によって年金の給付水準を下げようという仕組みだ。

実は2004年以前も賃金と物価の上がり幅で年金額が決められていた。受け取る年金額は過去の給与から天引きされた保険料の支払い実績に基づいて決まる。当然、過去にもらった給与の価値と現在の価値は違う。たとえば昭和40年代の20万円の給与であれば、今は40万円程度の実質的価値があるかもしれない。過去の給与の価値を現在価値に換算するための指標が「賃金上昇率」だ。

つまり、初めて年金を受け取る場合、前の年度に比べて、賃金上昇率が2%であれば、受け取る年金額に2%を乗じた額が年金額になる。このように賃金上昇率に応じて年金額を引き上げていくことを「賃金スライド」と呼ぶ。

同じように物価が上がった分（消費者物価上昇率）の年金額を引き上げていくことを「物価スライド」と呼ぶ。そして新しく年金をもらい始める人には賃金スライドを適用し、すでに年金をもらっている人には物価スライドを適用していた。

もちろん、賃金スライドや物価スライドは上昇したときだけ引き上げるのではなく、逆に賃金や物価上昇率がマイナスになれば、年金が引き下げられる仕組みでもある。しかし、たとえ賃金や物価が上がったり、下がったりしても、消費する購買力は変わらない。ここが民間の年金保険に比べて公的年金が最も優れているメリットだといわれていた。

ところが、このメリットが「マクロ経済スライド」の導入で失われることになった。簡単に言えば「賃金スライド、物価スライドから0・9%分を差し引いた額の年金を支給する」というのがマクロ経済スライドである。たとえば、これから年金をもらい始める人に適用する賃金上昇率が2％だったとする。ここから0・9％分を差し引いた1・1％分を上乗せした年金額しか受け取れなくなる。同じように、すでに年金を受け取っている人は、物価上昇率が1％であれば、1－0・9＝0・1％分しか上乗せされないことになる。

与党はこのマクロ経済スライドによって年金額を抑制すれば、年金は100年安心だと大見得を切っていた。たしかに、年金保険料を引き上げたうえに、少子高齢化対応のマクロ経済スライドを実施すれば、理論上は年金財政が好転し、破たんすることはなくなる。しかも2004年の改正時の政府のシナリオでは、マクロ経済スライドを2023年まで続ければ、その後停止し、以降は、本来の賃金スライド、物価スライドに戻すというものであった。そうすれば2100年まで年金制度は安泰だと説明していた。

ところがマクロ経済スライドが、2004年の改正以降、まったく発動されない事態が長らく続いた。最大の原因はデフレ経済にある。

若者世代にツケを回す判断

日本経済は1997年の消費税率5％への引き上げをきっかけに、物価がズルズルと下がり、デフレ経済に突入していく。賃金スライドや物価スライドは、賃金や物価上昇率が上がれば、その分が年金額に上乗せされるが、逆にマイナスになれば、年金が引き下げられる仕組みでもある、と説明した。当然、物価が下がれば年金額が下げられることになる。だが、実際はそうはならなかったし、マクロ経済スライドも発動されなかった。

その理由をひと言で言えば、「政治的判断」で停止されたのである。

実は1999年～2001年に物価が下がった際、本来であれば2000年～02年度の年金額は3年間の累計で1・7％引き下げることになっていた。ところが当時の自民党政権は、年金受給者である高齢者から不満が出ることを恐れ、特例的に年金額を据え置くこ

と に決めた。これを「特例水準」と呼ぶ。

しかし、その後も物価下落が続いても、年金額が引き下げられることもなく放置されてきた。その結果、すでに2011年度には、実際に支給されている年金額は物価スライドを実施した本来の水準よりも2・5％も高くなっていた。年金財政の面から言えば、累計で約7兆円も余分に支払っていたことになる。そしてマクロ経済スライドを発動するには、特例水準を解消することが前提とされていた。

政府は2004年の改正の時点で、経済が回復し、マクロ経済スライドが発動すれば、特例水準は自然に解消されるものと高《たか》を括《くく》っていたが、実際は失敗したのである。その証拠もある。

厚労省の社会保障審議会の年金部会の資料には「平成一六年改正において、将来に向けて賃金・物価の上昇に伴って特例水準を解消する措置を講じたものの、その後、現実には賃金・物価の下落傾向が続いていることにより、この措置は発動されず、本来水準と特例水準との差は縮まらなかった」と述べている。そのうえで「マクロ経済スライドによる自動調整が発動されていない理由の第一は、特例水準が解消されていないことである」と言っている。

このようにマクロ経済スライドの発動を前提とした見通しはずいぶん甘いものであったと言える。その結果、2004年以降の20年間にマクロ経済スライドは2015年、19年、20年、23年、24年のわずか5回しか発動されていない。当然、政府の想定以上に年金の抑制が進まなかったことを意味し、100年安心のプランは事実上失敗したということになる。その結果、マクロ経済スライドによる基礎年金の抑制期間は当初の2023年から2047年まで延長されるシナリオが描かれた（2019年財政検証）。

失敗を補うには、これ以上引き上げないとした年金保険料を引き上げるか、別の方法で年金財源を増やすしかない。その選択肢が冒頭に述べた基礎年金の保険料拠出期間の5年間の延長だ。

いずれにしても年金制度を維持するには保険料を引き上げるか、給付額を抑制するか、年金の支給開始年齢を引き上げるか、増税で不足額を穴埋めするか、といった解決策しかない。しかも、負担の影響を受けるのは現在年金を受給している高齢世代ではなく若者世代だ。歴代の自民党政権は高齢者優先の年金制度を維持するために若者世代にツケを回す政策しか行ってこなかったのである。

年金資金をアベノミクス成長戦略に利用

それだけではない。自民党政権は大企業の業績を支えるために大事な年金資産を注ぎ込んでいる。

現在、国民年金と厚生年金の年金積立金は約２４６兆円（２０２４年3月末時点）もある。年金積立金は年金支給の補填に使うものであり、決して毀損《きそん》してはならない国民の重要な資産である。運用するにしても最も安心できる国債が中心であり、アメリカの公的年金の積立金も社会保障庁によって１００％が特別国債（いつでも額面で現金化することが可能な国債）に投資されている。

日本の公的年金の積立金はＧＰＩＦ（年金積立金管理運用独立行政法人）によって運用されており、世界最大級の年金投資機関でもある。

もともと積立金の60％は安全な国内債券で運用されていたが、２０１４年にポートフォリオ（資産の構成割合）を見直し、国内債券比率を35％に縮小するとともに、国内株式25％、国外株式25％とし、リスクの高い株式比率を50％にまで高めた。以前のポートフォリオにおいて国内債券の比重が高かったのは「積立金の運用は、専《もっぱ》ら被保険者のために、長期的視点から、安全かつ効率的に行う」と法律に規定されていたからである。被保険者とは主に厚生年金保険料を拠出する事業主とその従業員である。その当事者の意見すら反映されないまま、ＧＰＩＦがハイリスク資産の運用に舵《かじ》を切ったのは、自民党政権の意向だった。

なぜ年金資産をリスクの高い株式で運用しようとしたのか――。それを決定したのは自民党の安倍晋三首相だった。

安倍政権は成長戦略にＧＰＩＦの年金資金を利用す

ることを念頭に2013年6月、日本再興戦略のなかでこう記した。

「公的・準公的資金について、各資金の規模・性格を踏まえ、運用(分散投資の促進等)、リスク管理体制等のガバナンス、株式への長期投資におけるリターン向上のための方策等に係る横断的な課題について、有識者会議において検討を進め、提言を得る【本年秋までに結論】」

日本再興戦略を閣議決定し、7月に当時の甘利明経済再生担当大臣の下に「公的・準公的資金の運用・リスク管理の高度化を議論する有識者会議」が発足。メンバーは積極運用派の学者や民間の運用専門家などで占められ、2013年11月に出された報告書の内容はまさにアベノミクスの成長戦略に沿ったものだった。

報告書は運用目的について「被保険者の利益を優先する資金運用は、結果的に、日本経済に貢献することになり、また、各資金は、資金運用により経済成長の果実を享受する立場にもあることから、経済成長と資金運用との好循環が期待される」と、述べていた。

そして翌2014年1月22日。安倍首相はスイス・ダボスで開催された世界経済フォーラム年次会議でこう発言した。

「日本の資産運用も、大きく変わるでしょう。1兆2000億ドルの運用資産を持つGPIFについては、そのポートフォリオの見直しを始め、フォワード・ルッキングな改革を行います。成長への投資に、貢献することとなるでしょう」

年金資金を成長戦略に活用することを明確に宣言し、日本企業への投資を呼びかけたのである。

続いて第二次安倍改造内閣で誕生した塩崎恭久厚生労働大臣が異例の早さでGPIFの資産構成割合(基本ポートフォリオ)の見直しを指示し、前述したようにGPIFが株式によるハイリスク運用を発表したのは2014年10月31日だった。奇しくもこの日は日本銀行が追加緩和策を発表した日でもあった。

今日、アベノミクスの負債とされる日銀の異次元緩和による円安と株価上昇政策と軌を一にしていた。その結果、株式市場に巨額の年金資産が流れ込むことになったのである。

しかし、恐れていた事態がすぐに発生した。GPIFは2015年度に約5兆3000億円の損失を出し、続く2016年度第1四半期も5兆2342億円の赤字を出した。株式の運用比率を2倍に増やした2014年10月のポートフォリオ変更後の累積では1兆962億円の赤字に転落した。

含み損なので損失は確定していなかったが、当時、老後の生活の支えとなる年金原資の目減りに不安を抱く人も多かった。だが、GPIFの高橋則宏理事長（当時）は新聞紙上でこう発言した。

「100％日本国債なら価格の変動は小さいが、利息はゼロだ。株式の割合を全体の半分まで上げると資産価格の変動幅は大きくなるが、配当も大きくなる。国債の金利がマイナスになる中で、株式をこれだけ持てるのは大きなアドバンテージだ。運用の選択肢が広がったともいえる。ただ価格の変動が大きい資産を増やしたことは事実で、振れ幅については四半期ごとにきちんと説明する。資産価格が多少変動してもマネジメントできる」（2016年8月28日付け『日本経済新聞』）

株式割合を半分にしたことで変動幅が大きくなることは認めながらも巨額の年金資産があれば、10兆円の損失はGPIFにしてみれば想定内との発言だった。

この問題に関して当時、年金部会の委員でもあった労働組合の中央組織、連合の担当者は「連合としてはポートフォリオの株式比率を増やすことについてはリーマンショック並みの事態になれば20数兆円の損失が発生し、本当に国民が納得できるのかと言い続けてきた。株価がちょっと乱高下しただけで5兆円、10兆円の損失が出るし、想定内ということだろうが、国民の年金に対する不信感や不安感を与えるのではないか」と指摘していた。

「池の中のクジラ」というリスク

株価の変動による運用上のリスクはそれだけにとどまらない。現在、GPIFの運用資産は246兆円。これだけの巨額の資金を市場に投入してリスクヘッジできるのかという懸念も拭《ぬぐ》えない。積立金の国内株式割合は25％。61兆5000億円にもなる。国内株式市場に占める割合は約7％を占め、証券業界では〝池の中のクジラ〟と呼ばれるほど巨大だ。マーケットに対するインパクトも絶大だ。

一般的に企業の株式を5％保有すれば大株主といわれる。GPIFが保有する株式ではレゾナック・ホールディングス8・83％、双日8・58％、商船三井8・57％、T&Dホールディングス8・43％のほか、三菱電機7・97％、信越化学工業7・15％、三越伊勢丹ホールディングス6・91％、楽天グループ6・20％の株を保有する。イトーヨーカドーの売却で話題となっているセブン&アイ・ホールディングスの株も6・78％も保有している（GPIF間接保有比率、2024年3月末）。これだけの日本企業の大株主になると、いざというときにリスクヘッジしようと思っても、池の中のクジラのように身動きが取れなくなる可能性も高い。

証券アナリストは「大企業でも時価総額が10兆円の企業もあれば500億円の企業もある。5％保有すると、10兆円でも5000億円。GPIFの61兆円の1％弱にすぎないし、ましてや500億円の企業など時価総額が小さい会社の株式を買うのは現実的に無理だ。仮に大手に5000億円投資しても動かすのも難しい。なぜなら1日の株式市場の売買高は5兆円程度であり、5000億円を売買するだけでGPIF自ら株価を上げたり、下げたりする状況になるなど株式市場に大きな影響を与える。また、何らかの市場の要因でリスクヘッジしようとしても間に合わないだろう」と指摘する。

運用額が巨額なために機動的に動くのが難しいと言うのだ。少し動いただけでどのファンドに投資するかという情報も筒抜けになりやすい。そうなるとGPIFが買いに出れば絶好の売り場になり、投資家が一斉に売りに出れば高値づかみをして損失を被ることになりかねないリスクも抱えている。まさに池の中のクジラよろしく身動きがとれない状況ではリスクヘッジもきわめて難しい。

かといって、改めて基本ポートフォリオを見直すことも難しい。前出の連合の担当者も「株式の割合を下げますと言った瞬間に株価が暴落するなど株式市場に悪影響を与えてしまう懸念もある。それほど簡単に戻れないことを安易にやってしまった政府の責任も大きい」と指摘していた。

しかも年金積立金はあくまで公的年金の補填に使うのが最大の使命だ。いずれ給付のために現金化しなければいけない時期も訪れる。株式割合を増やした結果、資金を引き上げることによる日本経済に与えるリスクも抱えているのである。

改めて言うまでもなく公的年金など社会保険は被保険者が老後の生活に備えて保険料を支払っている。被保険者である事業主や勤労者の意志が反映されないまま、自民党政府主導で巨額の資金を株式市場に注ぎ込んできた。そのリスクを被るのは国民である。

公的年金制度における100年安心プランの破たん、巨額の年金資産のマネーゲームへの投入という自民党政権が残した負の遺産は、将来にわたって多くの国民が引き受けることになる。

第4章

狡猾

強きを助け弱きを挫《くじ》く

▼「農政」と「食の安全性」を崩壊させた！

自民党が容認し続けたアメリカによる「食の日本支配」

農薬まみれの農作物、遺伝子組み換えの大豆やトウモロコシ、成長ホルモン牛……アメリカの「食による日本支配」に唯々諾々と従ってきた結果、日本の食の安全性は危機的状況にある。

文＝鈴木宣弘
東京大学大学院特任教授

日本の食料自給率は38％

第二次世界大戦後の日本は、戦禍による男手の不足や国土の荒廃によって深刻な食料危機にみまわれた。そこでアメリカからの大豆や飼料用トウモロコシに頼ることになったのだが、アメリカはただ日本を助けるためだけに食料援助をしたわけではない。その裏側には「食による日本支配」という国家戦略があった。

日本はアメリカ産穀物の輸入にあたって早い段階で実質的な関税撤廃を受け入れさせられ、さらに大量のアメリカ産穀物が輸入されたことにより、伝統的な穀物生産はコメを除いて壊滅状態となってしまった。昭和初期、日本の小麦自給率は１００％を超え、海外に輸出していたこともあった。だが２０２３年時点での小麦自給率はわずか17％。83％を輸入に頼っている。さらに大豆は93％、飼料用トウモロコシはほぼ１００％が輸入品である。

食料は兵器よりも安価な武器

日本を代表する経済学者の宇沢弘文は、かつて友人から聞いた話として「アメリカの日本占領政策の２本柱は米国車を買わせることと、日本農業を米国農業と競争不能にして余剰農産物を買わせることだった」と語っている。そんなアメリカの戦略は、車はともかく農業については確実に実現され、日本人の胃袋はすっかりアメリカに握られた状況にある。

１９７３年には、リチャード・ニクソン政権で農務長官を務めたアール・ラウアー・バッツも「日本を脅迫するなら食料輸出を止めればいい」と語っている。そんなアメリカの意向に、戦後から今に至るまで唯々諾々と従ってきたのが日本政府なのだ。

「食料は兵器よりも安価な武器」と考えるアメリカの戦略は巧妙かつ強引で、日本人の主食であるコメをアメリカ産小麦に代替するため、「洋食推進運動」など米食を問題視するプロパガンダも行った。慶應大学医学部で生理学の教鞭を執っていた直木賞作家の木々《きぎ》高《たか》太郎《たろう》は、１９５８年の著書『頭脳』のなかで「米を食うと馬鹿に成る」と説いた。まったく科学的根拠のない暴論だが、日本のメディアはこぞって木々の論説を煽《あお》り立て、同書はベストセラーになった。だが後年、木々はアメリカの穀物メジャーから支援を受けて小麦食推奨の旗振り役をしていたことが明らかになっている。

学校給食にもアメリカの手が及んだ。1950年代から1960年代に学校給食を食べていた世代だとメリケン粉（小麦粉）で焼かれた味気ないコッペパンや、鼻をつままなければ飲めない脱脂粉乳の記憶があるだろう。そんな戦後の学校給食のシステムをつくったのはGHQ（連合国軍最高司令官総司令部）であり、子どもの教育の場でも給食を通じて、伝統的な和食文化の破壊と、小麦や乳製品など輸入食料の拡大政策が進められていった。

非営利組織のアメリカ穀物協会が1961年に東京支社を開設して肉食化キャンペーンを仕掛けたのも、日本人の肉食が一般化すればアメリカの飼料穀物をさばけるとの考えがあってのこと。日本の畜産や酪農が発展したのもまた、アメリカに計画されたものだった。

現在日本において、牛肉は約4割、豚肉は約5割、鶏肉は6～7割が国産とされる。だがトウモロコシなど輸入飼料や鶏のヒナなどの生産相当分を除くと、牛肉の自給率は10％、豚肉は6％、鶏肉は8％にまで低減する。「日本人の食生活が洋風化したせいで食料自給率が下がった」などという声もあるが、決してそうではない。アメリカの都合によって日本の農業と日本人の生活が輸入依存型の構造に変貌させられたのだ。これは「食料安全保障」をまったく意識してこなかった日本政府の責任でもある。

農薬を「添加物」に分類変更

日本政府はアメリカ産食物を大量に輸入するだけでなく、安全性に懸念のある食品も受け入れ続けてきた。

1975年、フロリダ産のグレープフルーツの皮から、日本では許可されていないOPP（オルトフェニルフェノール）などの防カビ剤が検出された。これを受けて厚生省（当時）は保税倉庫に保管されていたアメリカ産グレープフルーツ、レモン、オレンジの出荷

食料自給率の推移（カロリーベース）

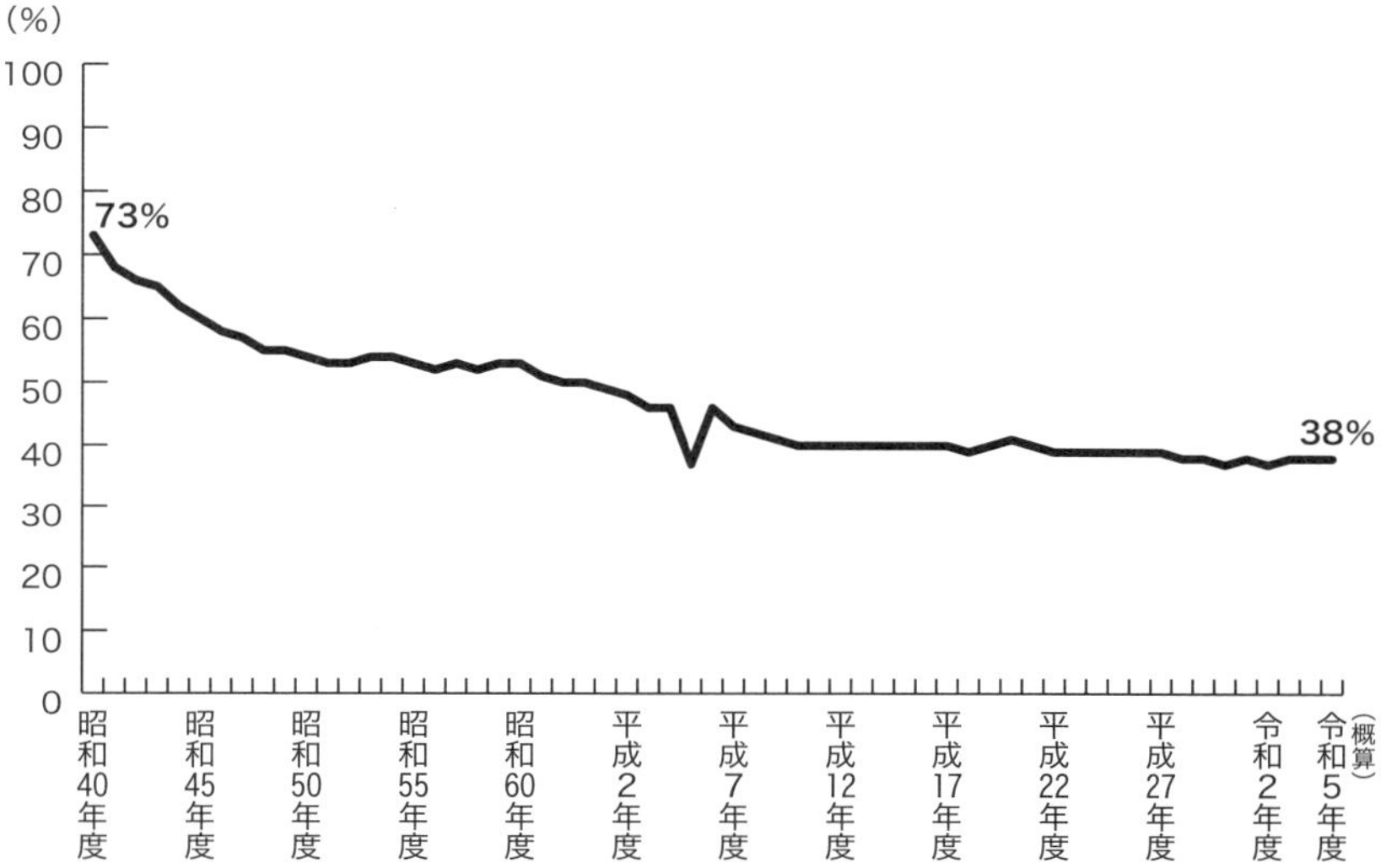

農林水産省ホームページより

を停止。これを海洋投棄するとともに、アメリカに対しては防カビ剤の使用禁止を求めた。

だが、この日本の対応にアメリカ側は激怒。「ＷＨＯ（世界保健機関）もＦＡＯ（国連食糧農業機関）も安全性を認めている農薬を、なぜ日本だけが禁止するのか」と批判して、同時に「日本製の自動車の輸入を止める」と脅してきた。

その結果、日本はあろうことか「禁止農薬であっても、収穫後の散布であれば〝食品添加物〟とみなす」という耳を疑うような分類変更を行って、収穫後のレモンなどかんきつ類への防カビ剤の使用、いわゆる「ポストハーベスト農薬」を認めてしまった。

そして農薬使用に関する異常な話はこれだけでは終わらなかった。近年では商品パッケージに食品添加物の成分表示義務を課すことすらも「不当な差別だ」とアメリカからクレームが入り、農薬の名前を表示しないことを求める交渉が続けられているのだ。

ジャガイモをめぐっても同じことが起きている。従来、農林水産省は「アメリカ産ジャガイモには害虫のセンチュウがいて、これが日本で広がると国産ジャガイモが全滅する」との危機感から、生鮮ジャガイモの輸入を禁止していた。しかし2006年に、ポテトチップ加工用のものに関しては2月から7月に限定しての輸入が認められるようになり、2020年2月には通年輸入を認める規制緩和が行われた。

これと並行して農水省はアメリカの要求を受け、ポテトチップ用に限らない生食用ジャガイモの全面輸入解禁に向けて協議を始めることに合意している。

また、アメリカ産のジャガイモには動物実験で発がん性や神経毒性が指摘されている防カビ剤のジフェノコナゾールが散布されているが、2020年6月に日本はこれをレモンのときと同じく〝食品添加物〟に分類変更。残留基準値をそれまでの20倍にまで緩和した。

ジャガイモの輸入をめぐって歴代の農水省担当課長は「絶対に認めない」としてきたが、そのたびに左遷されてきた。そうしてついに、アメリカからの要求を全面的に受け入れようとしている。その結果、日本は世界で最も農薬の規制が緩い国の一つになっているのである。

「不要なコメ」をアメリカから買い続ける

1986年から1994年にかけての多国間通商交渉により合意された「関税及び貿易に関する一般協定（ウルグアイ・ラウンド）」において、農産物のミニマム・アクセス（最低輸入量）が定められた。これは「何万トンまでは低い関税で輸出入をする」という税制面の取り決めであった。500％、1000％といった常識外れな高関税を排除するための協定であり、決して「最低輸入義務」ではない。欧米でミニマム・アクセスに定められた輸入量を満たしていない国はいくらでもある。

日本はこのウルグアイ・ラウンドで、コメのミニマム・アクセスが77万トンと定められた。つまり「コメの輸入に際し、77万トンまでは高い関税をかけることができない」という意味なのだが、日本政府は普段「コメ余り」と言いながら、毎年アメリカから36万トンものコメの輸入を「堅持」し続けている。

これはビル・クリントン政権で農務長官を務めたアルフォンソ・マイケル・イスパイらアメリカ政府関係者が「ミニマム・アクセスで約束した半分の量のコメを買わなければ対抗措置をとる」と発言していたことと一致する。

この「一致」について、2015年に野党が国会質疑で「アメリカとの密約の存在」を追及すると、林芳正農相（当時）はこれを否定したが、現在に至るまで結果的にアメリカ側の要求どおりになっている。

私は1982年に農水省の国際部に入り、貿易自由化などの国際交渉に近い部署で仕事をしてきたが、その時の経験からしても、日本が自国農業への保護政策をとることのできない背景には、アメリカからの圧力があると確信している。

研究者に転じてからは貿易政策に関する研究を行い、自由貿易協定（FTA。日韓、日中韓、日モンゴル、日チリなど）の事前交渉にあたる産官学共同研究会に学会の代表として参画した。また2011年からは、東京大学教授の立場でTPP交渉にも深く関わってきた。

そうしたなかで、貿易自由化や食の安全基準をめぐってアメリカが、日本政府に数多くの要求を突きつけるのを間近に見てきた。

私が「国内外の援助物資としての農産物活用」を主張すると、政府関係者たちから「その話はやめてくれ」と懇願されたことが何度もあった。それは、「アメリカの市場を奪うこと」と同義に受け止められ、役人たちは万が一にもアメリカ政府の逆鱗に触れて自分の地位が危うくなることを何よりも恐れている。

アメリカに物言う政治家として知られた中川昭一は、農水大臣時代に政府の反対を押し切って乳製品の海外援助を断行したことがあった。BSE（狂牛病）問題に際しては、輸入再開に向けてアメリカ側に厳格な検査の継続を求めた。このような政治家はきわめて稀《まれ》で、たいていは自身に危険が及ぶことは避けたいという思いから、アメリカの言いなりになってしまう。

農水省にも国民のための農業政策に励む職員は確かに存在する。2006年ごろ、農水省は「食生活をコメ中心の和食文化に切り替えるだけで食料自給率が63%まで上がる」との試算を出して、「我が国の食料自給率」というレポートにもそれを掲載した。

だが今ではそのレポートはネットでいくら検索しても出てこない。まるでアメリカからの輸入依存に反する政策を、「余計な計算をするな」と潰そうしているようにも伺《うかが》える。

押し付けられる「遺伝子組み換え作物」

「遺伝子組み換え」や「ゲノム編集」といったバイオ技術を駆使して誕生した作物や食品がアメリカから大量に輸入され、日本国内でも作成されている。だが、これらの新技術を長期的に見たときに、人体や生態系にどのような影響を及ぼすのかは現段階で誰もわかっていない。

遺伝子組み換え作物や農薬によって世界の農業を制覇し、莫大な利益を上げてきたのがグローバル種子・農薬企業である。モンサント社（現在はバイエル社が買収）などがその代表だ。

彼らは2010年以降、南米諸国で農家による種子の保存を禁じ、同社が製造した種子を買うことを強いる法律の策定を目論んだ。この法案は通称「モンサント法」と呼ばれ、現地の農家や市民からは猛烈な反対運動が起きたことで撤回を余儀なくされた。

そこで彼らがラストリゾート、つまり「最後の儲けどころ」として目をつけたのが、アメリカに従順な日本だった。

すでにその影響は日本の食品に関連する法制に表れている。2023年4月からは食品表示のルールが大幅に変更され、食品の原材料名欄に「遺伝子組み換えでない」や「遺伝子組み換え作物不使用」の任意表示が、実質的にできなくなった。

新しいルールの下でも、混入率がまったくの0%であれば「遺伝子組み換えでない」の表示は認められる。だが流通業者の多くは輸入大豆も扱っているため、遺伝子組み換え大豆のわずかな混入の可能性を拭《ぬぐ》い切れないのが実状だ（2023年3月までは、意図しない混入を5%以下に抑えている大豆およびトウモロコシ、それらを原材料とする加工食品は「遺伝子組み換えでない」と表示できた)。

そして、「遺伝子組み換えでない」と表示した製品からもしも遺伝子組み換え食品の混入が見つかれば、それがきわめて微量であっても表示違反で摘発されることになる。それゆえに今後多くの業者は摘発を恐れ、「遺伝子組み換えでない」との表示を避けることになっていくだろう。

一見するとルールが厳格化されたようだが、結果として消費者は「遺伝子組み換え作物を大量に使った食品」と「基本的に遺伝子組み換え作物を使っていない食品」との違いが原料名からは判別できなくなるのだ。なお「5%以上の遺伝子組み換え作物の混入」については「大豆(遺伝子組み換え)」といった表示義務が継続されるが、EUが「0・9%以上の遺伝子組み換え作物の混入」に表示義務を課しているのと比べればはるかに緩い基準でしかない。

消費者庁は「消費者を守るための表示の厳格化」との名目で法改定に踏み切ったが、その背後には米グローバル種子・農薬企業の圧力があったことを複数の遺伝子組み換え作物の研究者から伝え聞いている。

日本の食べ物の安全神話は崩壊

遺伝子組み換え作物のなかには特定の農薬に耐性を持つようにDNAがデザインされたものがあり、種子と農薬がセットで販売されるケースが多い。農薬を畑に散布すると雑草は枯れるが、その作物だけは枯れないので農家の負担軽減につながるとされてきた。

そうしてアメリカでは大豆、トウモロコシは農薬に耐性のある遺伝子組み換え種が開発されて農薬が直接散布されてきた。小麦は遺伝子組み換えではないが、収穫直前に農薬を散布してあえて枯らすことにより乾燥を早める処理がなされている。

ところが2018年、米カリフォルニア州では、モンサント社が遺伝子組み換え種子が耐性を持つ農薬「ラウンドアップ」の主成分であるグリホサートに発がん性があることを表示せず、警告を怠ったとして農家からの訴訟が相次いだ。するとモンサント社に巨額の賠償を求める判決が下り、同社が12万人以上の原告に支払った和解金は総額1兆円を超えたとされる。

ただし、その後もアメリカでは発がん性の警告を付されたグリホサート系除草剤の使用が続いている。

世界ではこの裁判を機にグリホサートを避ける動きが始まり各国で規制が強まっているのだが、日本では「遺伝子組み換え作物が農業を救う」「グリホサートは驚くほど無害」「モンサントは訴訟ビジネスの犠牲者」などと喧伝する人物が複数いて、２０１７年にはグリホサートの残留基準値が極端に緩和された。小麦はそれまでの６倍、ソバは１５０倍という大幅な緩和である。

その結果、日本はアメリカから膨大な量のグリホサートが残留した大豆、トウモロコシ、小麦の輸入を継続している。一般社団法人農民連食品分析センターの検査によると「国産」「十勝産」「有機」と表示されたもの以外の、ほとんどの食パンからグリホサートが検出されたという。「日本の食べ物は安心」との神話はすっかり崩れ去ってしまった。

ゲノム編集した魚が寿司屋に⁉

「ゲノム編集作物」の分野でも、日本政府はアメリカの要求を受け入れ続けている。ゲノム編集とは生物のＤＮＡを切り取って特定の機能を持たせたり失わせたりする技術だが、従来の遺伝子組み換えとは手法が異なることを理由に、アメリカが「異なる技術なのだから安全審査も食品表示も不要」と要請。そのため、日本ではゲノム編集作物に関してまったく縛りのない状態になっているといわれる。

ゲノム編集作物については、ＤＮＡを切り取った細胞の一部ががん化したり、新しいタンパク質ができてアレルギー源になり得るとの研究報告もなされているため、世界的には慎重な対応をする国が多い。

だが日本においては、食品販売会社がゲノム編集作物をスムーズに普及させるために、子どもたちを〝実験台〟にする食戦略をビジネスモデルとして国際セミナーで発表するような状況にある。そしてゲノム編集作物の多くは、グローバル種子・農薬企業が特許を持ち、そこに莫大な利益が流れる仕組みになっている。

日本の販売会社は、血圧を抑える効果の見込める成分GABAの含有量を高めたゲノム編集トマトの苗をまず家庭菜園4000軒に配り、2022年からは全国の障がい児童福祉施設、2023年からは小学校に無償配布して、子どもたちに育てさせたうえで給食や家庭に普及させせようとしている。

だがゲノム編集作物は、これを食物として摂取した際の人体への影響が不明なだけでなく、むやみやたらと栽培すれば従来品種との交雑などによる環境破壊も懸念される。

日本はゲノム編集を動物に実用化した世界で最初の国でもある。ゲノム編集した肉厚なマダイやトラフグなどの魚介類が、すでに寿司ネタとして出回っているとの情報もある。この話はすでに海外において広く認知されていて、アメリカの消費者団体は「もう日本の寿司は食べられない」と警告するポスターまで作って発信している。

「乳がんリスク」のあるホルモン牛

畜産・酪農の分野でも「食の安全」が損なわれつつある。

家畜の肥育促進に効果がある成長ホルモン剤は、通常の肥育と比べて4割もの生産コストを抑えられることで知られる。成長ホルモン剤には、一般に女性ホルモンの一つであるエストロゲンが主原料として使われている。だがエストロゲンは乳がんのリスク因子とされているため、日本国内では畜産におけるホルモン剤の使用を禁止されている。一方、アメリカではホルモン剤の使用が認められていて、国内産牛の600倍ものエストロゲンがアメリカ産牛から検出されたとの報告もある。

ところが、近年ではアメリカ国内で食の安全を考える消費者が増え、ホルモン剤を投与していない「ホルモンフリー牛肉」の取り扱いが急増しているという。その結果、余ったホルモン牛肉は検査の緩い日本に大量に回されている懸念がある。

2020年1月に発効した日米貿易協定によって日本の輸入牛肉にかかる関税は半分ほどに下がり、協定発効後のわずか1カ月間でホルモン牛を含むアメリカ産牛の輸入量は前年同期比で1・5倍にまで伸びた。ホルモン牛はアメリカ産牛だけの話ではなく、オーストラリア、ニュージーランド、カナダなどあらゆる国から日本へ輸出される牛肉にエストロゲンが投与されている。

日本の杜撰《ずさん》な検査につけ入って、全世界的に「危ない食品は日本へ」との風潮が広まり、定着しつつあるのだ。これもすべて「食料安全保障」の意識を欠く日本政府の責任である。

乳牛に用いられるホルモン剤では、モンサント社の遺伝子組み換え技術を応用した成長ホルモン「rBGH（あるいはrBST）」があり、乳牛に投与すると乳量が2〜3割増える。ただし、これを投与された乳牛は血中のインスリン様成長因子（IGF－1）が増加するとされている。IGF－1については1998年に科学誌『ランセット』や『サイエンス』において、「血中濃度の高い女性で乳がんの発症率が7倍、男性では前立腺がんの発現率が4倍」という発がんリスクが報告されている。

ところが、アメリカ政府はrBGHが乳製品に使用されたかどうかの表示を、実質的に無効化してしまった。すると、この決定に対してアメリカの消費者は大規模な抗議運動を起こし、その結果、今ではスターバックスやウォルマート、ダノンなどの企業はrBGHを投与した牛から生産された乳製品の「不使用」を宣言せざるを得なくなっている。

それでもアメリカの酪農家の約3割は依然としてrBGHを使用していて、その乳でつくられた乳製品もまたホルモン牛肉と同様に日本へ大量輸出されている可能性がある。

まだ私が農水省の職員だった1980年代のこと。成長ホルモン剤の安全性の調査のために渡米したことがある。だがアメリカの認可官庁も製薬会社も、さらには研究機関の大学教授までもが、まるで壊れたテープレコーダーのように「大丈夫だ」「安全だ」と繰り返すばかりだった。

その裏では、安全性を審査する研究機関が製薬会社から巨額の研究費を受け取っており、認可官庁の幹部たちはこぞって製薬会社へ天下るなど、人事とカネの緊密な結びつきの実態があった。まさに一心同体の関係で、癒着による「疑惑のトライアングル」ができあがっていたわけである。

約40年前の出来事とはいえ、今もその構造は大きく変わっていないだろう。製薬会社からの資金漬けになっているのでは、いくら世界的権威とされる人間が「大丈夫だ」とお墨付きを与えたところで、その危険性への懸念は拭えない。もちろんこれは成長ホルモン剤に限った話ではない。

石破総理は危機的な農政を救えるか

種子法廃止と農業競争力強化関連法の成立（２０１７年）→種苗法改定（２０２３年）の流れは、日本の農業における海外依存をますます強化するものとなりかねない。

政府は自治体や農協などが農作物の種を管理するのではなく、民間企業へそうした種事業を譲渡することを要請するとともに、農家による自家増殖を制限することで農家が企業から種を買わざるを得ない状況をつくろうとしている。このときに種の権利を持つのは、その多くが海外のグローバル企業だ。種は農業生産の根本であり、その権利を海外に売り渡すなどは、まったく食料安全保障に反する行為であろう。

近年ではビル・ゲイツを筆頭にＧＡＦＡＭに代表される大手ＩＴ企業も、農業分野でのビジネス展開に取り組んでいる。そしてその標的となるのもやはり日本だ。政府が自国の農業保護を行わず、アメリカの意向に従うばかりでは「属国状態」がさらに進み、日本の「独立」が遠のいていくのではないかと強く懸念している。

全国の農村を回っていると高齢化が進み、農業の後継ぎがおらず、中心的な担い手も高齢農家に代わってその耕作を引き受けきれなくなって、耕作放棄地が増えている。農業従事者の平均年齢が68・7歳（2023年時点。農水省「農業労働力に関する統計」より）という衝撃的数字は、あと10年経てば農業の担い手がはなはだしく減少し、農業・農村が崩壊しかねないことを示している。

それに加えて現状では肥料、飼料、燃料などのコスト高を販売価格に転嫁できず赤字に苦しみ、酪農・畜産を中心に廃業が後を絶たない。農業崩壊のスピードは加速している。

その一方で、中国など新興国における食料需要増加、異常気象の通常化、紛争リスクの高まりなどの要因で、海外からの食料・生産資材の輸入が滞るリスクが高まっている。お金を出せばいつでも輸入できる時代ではなくなった今、不測の事態が起きたときに国民の命を守る食料を十分に供給できるのかが懸念される。

2009年の初め、前年に刊行された私の著書『現代の食料・農業問題～誤解から打開へ～』（創森社）を三度熟読されたという石破茂農水大臣（当時）は、私と大臣室で懇談した際に「この本に基づいて農政改革を実行したい」と言及した。そうして「農家手取り価額が平均生産費を下回った場合にその差額を補てんする新たな米価下落補てん対策」を導入する「2009石破プラン」が発表された。

さらに2024年5月9日の日本農業新聞全国大会での挨拶においても、「農家の赤字を補てんする所得補償に財政出動することで、生産者と消費者の双方を助ける仕組みが必要」との主旨の話をしていた。

石破総理大臣が誕生したことで、農政に大きな一歩がもたらされる可能性に期待したい。

（本文中一部敬称略）

▼「国鉄労働組合」解体は〝大勲位〟の悲願だった

自民党「一強」の原点 国鉄民営化の目的は「左派殲滅」

国鉄分割民営化は「赤字解消」が目的だとされたが、この計画の中心人物である中曽根康弘は、後年、「国労が崩壊すれば、総評も崩壊するということを明確に意識してやった」と、その真意を吐露している。

文＝古川琢也｜ルポライター

1982年11月から5年間、首相を務めた

旧国鉄の分割民営化によって誕生したJR東日本グループのCSR報告書（2017年版）には、「国鉄改革（分割・民営化）の目的」として以下のように書かれている。

〈日本の高度成長期を通じ、モータリゼーションの急速な進展などにより、それまでの国鉄中心の輸送構造に大きな変化が生じました。しかしながら国鉄は、このような時代の変化に即応した経営の改革を行うことができませんでした。このため、1964年度に単年度赤字に転落して以来、赤字が続き、1980年代前半には、このまま推移すれば、早晩、運転資金の調達も困難となる事態が予想され、列車の運行など事業の

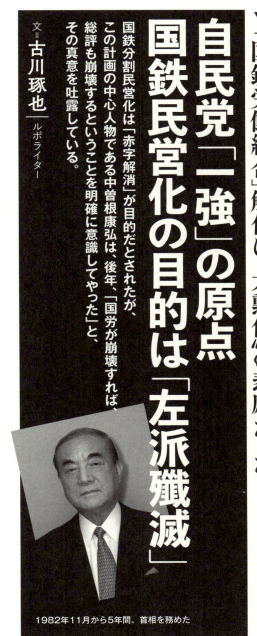

運営に重大な支障が生じることが危惧される状態に至りました。〉〈国鉄が輸送構造の変化に対応できず、経営が破綻した基本的な原因は、公社制度および全国一元組織運営という経営形態そのものに内在する構造的なものでした。〉〈国鉄改革は、経営形態そのものを抜本的に改革することにより鉄道を再生し、国民生活充実のための重要な手段としての役割と責任を十分に果たすことができるようにすることをめざしたものでした。〉

要するに旧国鉄は高度経済成長と、モータリゼーション（自動車通勤者の増加に加え、高速道路の発達などに伴い、物流の主役が貨物列車からトラックに転換したことも含む）の発達という社会構造の変化に対応できず、赤字を垂れ流すようになった。この変化に対応するうえで公社という体制は不都合なので分割して民営化した——ということである。

この表向きの説明は、今も基本的に日本国民に信じられてもいるだろう。

ただ、この「赤字解消」という目的は、実は（後述するように）必ずしも成功したとは言えない。またそもそも、国鉄の分割民営化を主導した張本人、つまり首相として国鉄改革関連8法案を可決・成立させた中曽根康弘にとっては、多分に「後付けの理由」に過ぎなかった。

中曽根は生前、国鉄解体の本当の目的を何度か公の場でも語っているが、最もよく知られているのは、民営化から10年目に刊行された『ＡＥＲＡ』（１９９６年12月30日号）のインタビューでなされた、以下の発言だろう。

「総評を崩壊させようと思ったからね。国労が崩壊すれば、総評も崩壊するということを明確に意識してやったわけです」

政界引退後の２００５年11月20日にはＮＨＫ『日曜討論』に出演し、悪びれもせず次のような話もしている。

「国労っていうのは総評の中心だから、いずれこれを崩壊させなきゃいかんと。それを総理大臣になった時に、今度は国鉄の民営化ということを真剣にやった。皆さんのおかげでこれができた。で、国鉄の民営化ができたら、一番反対していた国鉄労働組合は崩壊したんですよ」

国鉄発足から下山事件まで

「総評」とは「日本労働組合総評議会」の略であり、当時の日本における最大のナショナルセンター（労働組合が加盟する全国中央組織。現在は連合がその位置を占める）のこと。「国労」とは、その総評において中核的な位置を占めていた「国鉄労働組合」を指す。

この二つの組織がなぜ中曽根からかくも敵視されなければいけなかったのかを説明するには、まず、旧国鉄の成り立ちから触れる必要がある。

1872年（明治5）10月の新橋―横浜間の開通以来、長い間、政府が直接に運営していた日本国有鉄道は、1945年に日本が敗戦すると、復員兵や外地引揚者の雇用の受け皿となり、職員数が急激に膨れ上がった。1945年度には約9・9万人、翌46年度には約6・5万人の復員者が国鉄職員として雇用され、47年度の職員数は61万人超。

一方で戦後の日本は、敗戦後6年間で物価が100倍も上昇するハイパーインフレのさなかにあり、連合国軍最高司令官総司令部（GHQ）はインフレを抑えるため国家財政の引き締めと、その手段として公務員の大幅な人員削減を行う方針を決定した。その対象として、国鉄は真っ先に俎上に載せられた。

一方で当時のマッカーサーは、加熱しつつあった労働運動にも神経を尖らせていた。占領の初期においてGHQは、日本社会を民主化するには健全な労働運動が不可欠との考えから労働組合の結成を奨励。国鉄でも1946年2月に国鉄労働組合総連合会（のちの国鉄労働組合＝国労の前身）が結成され、すぐに50万8656人（国鉄全従業員の96％）が加入する巨大組合となった。

だが国労は、やはりGHQ自身が戦後に合法化した日本共産党と、共産党系のナショナルセンターである全日本産業別労働組合会議（産別会議）の影響力を強く受けるようになり、インフレのなかで賃上げを求めて労働争議を繰り返した。

1946年には約260万人の国家公務員と地方公務員が加入する全官公庁労働組合共同闘争委員会（全官公庁共闘）が結成され、この議長に就任したのも、国労の中央執行委員長であった伊井弥四郎だった。

占領期の労働運動は、1947年2月1日の「二・一スト（ゼネスト）」で最初のピークを迎えている。このストで共産党と産別会議は吉田茂政権の打倒を目指し、全官公庁共闘傘下の労組に一斉ストライキを呼びかけたのだ。

だがもはや日本の民主化よりも、東アジアにおける共産主義拡大阻止のほうに躍起になっていたGHQは伊井にスト中止を命令。仮に強行していれば、吉田政権打倒にとどまらず共産党を中心とした人民政府樹立につながっていた可能性すら指摘されるほどの状況にありながらも、伊井はラジオ放送で泣き崩れながら、スト中止を宣言した。

二・一ストを契機として、戦闘的な労働運動の主軸である国労と、その背後にいる共産党への警戒心をいっそう募らせたマッカーサーは、1948年7月22日に芦田均首相に宛てた書簡で公務員の争議権を剥奪するよう要求。同時に煙草や酒など当時の国の専売事業や、国有鉄道などの国営事業については独立採算制の公共企業体を設置して事業を移譲するように勧告した。

これらの公共企業体の職員に対しては、公務員よりは広範な労働者としての権利を許す一方でスト権だけは公務員同様に剥奪することで、鉄道事業を効率的に行えるようになるはずだという目論見だった。

マッカーサー勧告からわずか5カ月後の1948年12月20日には「日本国有鉄道法」が公布され、翌1949年6月1日に公共企業体としての「日本国有鉄道」が発足すると、GHQは国鉄の初代総裁となった下山定則に対し、60万人いた国鉄職員を2段階で約10万人削減するように厳命した。

クビ切りに猛反発しストも辞さない構えの国労と、GHQとの板挟みに苦慮するなか、下山総裁は194

9年7月5日、第1次通告で3万700人の解雇に踏み切った。そしてその直後に突如行方をくらまし、7月6日未明、国鉄常磐線の北千住―綾瀬駅間で轢死《れきし》体として発見された。

この「下山事件」に続いて約ひと月の間に国鉄で起きた、無人列車暴走・脱線による2つの死傷事件、「三鷹事件」と「松川事件」は当初はいずれも人員整理に反発する国労組合員による犯行とされ、実際に多くの国労組合員が逮捕・起訴された。

だが、三鷹事件で有罪になった非共産党員の組合員一人を除いて全員が証拠不十分で無罪になっており、三鷹事件で有罪確定した一人についても冤罪《えんざい》説がある。

作家・松本清張が『日本の黒い霧』などで推理したように、三つの事件の背後でGHQが糸を引いており、共産党に批判的な世論を喚起するために事件を画策したのかどうかは、もはやわからない。

だが、この時期からGHQ＝米国が国鉄労働者を左派政党の影響力から切り離そうと強く考えていたのは間違いない。

GHQ謀略説がくすぶる下山事件

そして中曽根を筆頭に、のちの55年体制のなかで「親米保守」の看板を背負うことになる政治家たちも、若き日に三大事件の経過を見ることで、国鉄の労組を労使協調路線に導くことが、すなわちアメリカの意に適うことでもあると学んだはずである。

やがて共産党員とそのシンパが公職から追放され、民間企業からも解雇されて1万人以上が失職するレッドパージの波が吹き荒れるが、そのさなかの1950年7月、GHQの指導のもと反共・労使協調色の強いナショナルセンターになることを期待されて「総評」が結成された。

ところがこの組織はいざ結成されると、国労はじめ、かつて総同盟に加盟していた左派系組合の大半が合流して瞬く間に左傾化していった。

総評は結成当初から日本社会党を支持し、やがて選挙で自分たちの組織候補たる組合幹部を国会に送り込むようになる。社会党はその存続期間全体を通じて大半の国会議員が総評傘下の労組出身者たちで占められており、その中核たる国労は、全盛期には国労単体で20名程度の代議士を当選させるだけの票を持っていた。

順法闘争とスト権スト

話を国鉄に戻すと、公共企業体としての国鉄は、発足からしばらくは黒字を維持していた。だが東海道新幹線が開通した1964年、新幹線に関わるコスト増大もあって初めて赤字に転落すると、その後は決算が黒字に戻ることはなかった。

これに対して国鉄当局は「マル生運動」と呼ばれる合理化政策を推進するが、その実態は当局が全国の管理職を集め、彼らに一般職員を労組から脱退させるための説得法・ノウハウを学ばせるというものだった。

だが「マル生運動」のそうした実態をマスコミが報じ、社会的な非難を浴びた当局が運動を取りやめると、国労と、国鉄職員のなかでも約4万7000人の機関士たちが加入し、国労同様に総評傘下の労働組合であった国鉄動力車労働組合（動労）は反転攻勢に出た。

先にも述べたように国鉄や電電公社などの公共企業

体や郵政事業に従事する職員にはストライキ権が認められていなかったが、国労・動労はこの権利を、自分たちを含む公共企業体等労働組合協議会（公労協）傘下の組合にも付与するよう国に要求し、そのための闘争を、ラッシュ時に安全確認などの手順や速度規制を厳格に守り、意図的に列車に遅れを生じさせる「順法闘争」を軸に展開したのである。

当局がこの闘争を主導した職員を処分すると、組合側も「処分撤回闘争」を起こして抵抗するという果てしない繰り返しのなかで、やがて国鉄の現場管理者たちさえもスト権付与を願うようになり、1974年10月21日には、国鉄の藤井松太郎総裁が衆院予算委員会で「『条件付きスト権付与』が国鉄の真意である」と表明するに至った。

またこの年、1974年の春闘でも、公労協と政府の間でスト権に関して1年半以内に解決を図るという意思確認がなされていた。

国労・動労を中心とする公労協はこの回答に期待しつつも、返答次第では1年半後の1975年11月、政府に圧力をかける大規模な「スト権スト」を実施するべく準備を始めていた。

当時の首相は「田中金権政治」への批判を背景に、1974年12月に就任した自民党ハト派の代表格・三木武夫であり、「対話と協調」を掲げる三木はスト権を部分的には容認する意向だった。

だが、それに断固として反対したのが依然として党の実権を掌握していた田中派、そして三木内閣で幹事長の職にあった中曽根だった。中曽根は1975年11月22日に三木と会談し、「違法ストには妥協しない。ストが決行されれば厳重に処置する」という方針を確認。弱小派閥出身で党内基盤が脆弱《ぜいじゃく》だった三木は押し切られるしかなかった。

これに対して国労・動労は1975年11月26日、従来の計画通りスト権ストに突入。日本全国の国鉄在来線と新幹線がほぼ全線ストップするという前代未聞の事態となり、首都圏を中心に市民の通勤・通学は大混乱をきたした。

だが、国労幹部たちの目論見では、スト成功のカギは旅客ではなくむしろ貨物にあった。貨物列車の運行を3日間だけでも止めれば東京に物資が届かなくなり、政府は国労の要求を呑まざるを得なくなるはずだと考えたのだ。

しかし、実際にはそのような事態は起きなかった。政府も中曽根の号令のもと「生活物資確保本部」をあらかじめ設置し、物流業界に根回ししてトラックを総動員することで、貨物鉄道が動かなくても首都圏に物資が行き渡る体制を整えさせていたのである。

これはすなわち、そうしたことが可能になる程度に物流の主役が鉄道からトラックへと移り始めていた、ということでもあった。

ストは公労協側の完敗に終わり、それまでは同じ労働者として国鉄のストを一定の寛容さをもって受け入れていた一般国民も、これ以後は国鉄労働者に対して次第に冷淡になっていった。

この状況を好機と見て中曽根は、悲願である国労＝総評の解体に向けて動き始めた。

1980年に鈴木善幸内閣が発足すると行政管理庁長官に就任し、鈴木内閣の行財政改革について審議する諮問機関として1981年に発足した「第二次臨時行政調査会」の会長に、経団連会長を退任したばかりの土光敏夫を招聘《しょうへい》。さらにその補佐役として、自分のブレーンであった瀬島龍三元伊藤忠商事会長を据えたのだ。海軍主計士官として敗戦を迎えた中曽根と陸軍参謀本部出身の瀬島は、旧軍エリートであるがゆえの共通言語を有していた。

「土光臨調」は2年後の1983年に行財政改革答申をまとめ、ここで「増税なき財政再建」などと並んで、国鉄のほか専売公社と電電公社を民営化する「三公社民営化」の方針を打ち出した。

そして中曽根は、この間の1982年11月に首相に就任している。

国労弾圧

中曽根が打ち出した国鉄分割民営化の構想に対して、当時国鉄にあった3つの主要組合のうち、民社党系で労使協調路線の鉄道労働組合（鉄労）は賛成したものの、国労と動労は当然反発。「民営化反対」を世論に訴えようとした。

だが、すでに天文学的な額に膨らんでいた赤字に加え、「カラ主張手当」に代表される一部組合員のタガが外れた行動が連日メディアで報道されると、彼らの訴えは世間からまったく顧みられなくなった。

そうしたなか１９８６年1月、反対派の敗色を決定づける事件が起きた。かつての順法闘争では国労以上の苛烈さから「鬼の動労」と呼ばれた動労が民営化賛成に回り、まもなく総評まで脱退したのだ。

当時の国鉄には約27万７０００人の職員がいたのに対し、民営化後に設立される新会社では人件費削減のため18万３０００人しか雇用しないとの方針がすでに決まっていた。動労は、民営化に反対した組合の組合員は新会社に採用されないことを見越し、組織防衛を優先したのだった。

動労の離反により、民営化に反対する唯一の組合となった国労の組合員たちは、当局から集中的な標的にされた。当局が余剰人員対策を口実に全国１０００カ所に設置した「人材活用センター」に送り込まれ、草取りやペンキ塗り、便所掃除など本業とは関係のない仕事ばかりをさせられたのだ。〝首切りセンター〟とも揶揄《やゆ》された同センターに送られた1万５０００〜２万人の職員の大半は国労の組合員であり、将来に不安を抱いたのか、１００人を超える自殺者が出たともいわれている。

さらに民営化が実行されてＪＲが誕生すると、旧国鉄の職員のうち７６２８人はＪＲへの「採用」を拒否され「清算事業団」に回され、最後までＪＲ復帰を訴えた１０４７人が3年後に解雇された。この「2度目の解雇」を通告された元職員のうち、大半の９６６人はやはり国労組合員だった。

一方でこれらすべての絵を描いた中曽根は、国鉄改革8法案が国会で可決され、１９８７年4月の国鉄解体が決まった１９８６年11月末のある日、官邸日誌に次のように記したという。

「二百三高地がついに落ちた。第二臨調（昭和五十六年）

以来六年、決意する者の汗と涙と忍耐の成果である。一年前には夢にも思わぬ秩序の中の静かな成立であった。当時はゼネスト、国会の強行採決、暴力、犠牲を覚悟していた。国民世論の勝利であり、民主主義の一大前進である。国労崩壊に前に社党は為すすべもなき、茫然たる日々であった。（第二）臨調以来の委員、参与に謝電を打つ」（牧久著『昭和解体　国鉄分割民営化30年目の真実』講談社より）

国鉄民営化は失敗だったのか

このようにして強行された国鉄の分割民営化だが、そもそもの大義名分であった「赤字の処理」に関しては成功とは言い難い。

国鉄の長期債務などの残高は、民営化がなされた時点で37・1兆円。このうち25・5兆円を、旧国鉄から引き継いだ土地の売却や新会社（ＪＲ）の株式売却により長期債務を償還するために発足した「国鉄清算事業団」が継承し、残りの11・6兆円を、新幹線保有機構と、新会社のうち本州にある3社（東日本・東海・西日本）が分担して引き継いだ。

当初より赤字経営が見込まれていた北海道・四国・九州の各新会社は返済を免除され、この3社の設立後の赤字を補填する経営安定化基金の原資も、清算事業団が資産運用益から賄《まかな》うという計画だった。

しかし、国鉄清算事業団は、その後のバブル崩壊に際して無策であり、引き継いだ国鉄債務をむしろ28兆円へと拡大させた末に１９９８年解散した。結局この債務の大半は国の一般会計、つまり国民負担で償還することになり、２０２２年度末時点で残高はまだ15兆２５６１億円あるという。

また北海道・四国・九州のＪＲ３社の赤字を穴埋めするはずの経営安定化基金の運用益も、低金利時代の到来後はジリ貧の状態となり、３社の経営は逼迫している。とくに悲惨なのがＪＲ北海道だ。２０１６年には全道路線の約半分にあたる13区間（計１２３７・２km）を「自社単独では維持困難」と公表。近年も２０２４年４月に根室本線の富良野—新得間（81・７km）が廃線となったほか、かつて全長66・8km あった留萌《るもい》本線は、2026年までの全線廃線が決まっている。

北海道は国内各地に農産物を供給する観点、あるいはロシアと国境を接するため国防の観点からも鉄道を維持することが政策的に求められるが、このままではとうていその使命を果たせないのだ。

こうしたJR北海道の危機的状況について2018年2月8日の衆院予算員会で問われた当時の麻生太郎副総理兼財務相は、「この話は、国鉄という商売のわかっていない方で、やはり学校秀才が考えるとこういうことになる典型です」とし、「7分割して、これが黒字になるのは3つで、ほかのところはならないと当時からみんな言っていた。鉄道関係者なら例外なく思っていた」と答弁している。

分割・民営化が失敗であったことを30年後に実質的に認めた答弁だが、計画を主導した自民党の財務大臣がここまで人ごとのように語れるのは、まことに不思議としか言いようがない。

日本は「ストのない国」に

もっとも中曽根にとっての本丸だった「左派潰し」「闘争的労働組合の殲滅《せんめつ》」という側面から見れば、国鉄民営化はこれ以上ないほどに成功した。

民営化を巡る攻防で国労が弱体化した結果、総評では右派系組合の力が相対的に強まり、この右派の意見が通る形で、「労使協調」や「左右の全体主義に反対」を掲げ、反共志向の強かった全日本労働総同盟（同盟）との合流を決定。1989年11月、「日本労働組合総連合会」（連合）が結成された。

合流後は連合内部における総評系組合の存在感は年々薄れていき、総評系組合を後ろ盾にしていた社会党も、消費税批判を追い風に46議席を獲得した1989年の参院選を最後に、存在感を失っていった。後身の社民党は、公職選挙法上の政党要件である「有効得票数の2％以上」を維持するのが精一杯の状況にある。

現在の連合は立憲民主党を第一支持政党としている

ものの、2021年に選出された芳野友子会長は、同党に対して共産党との選挙協力体制を見直すように迫るなど、広い意味での左派を分断する方向での指導力が目立っている。

その反面、就任以来、麻生太郎との会食を繰り返し、連合としてメーデーに岸田文雄首相を招待する一方で自民党内では芳野を党大会に招待することが検討されると報じられるなど、自民党との蜜月は年々深まっている。

自民党が国鉄解体に際して国労を徹底的に弾圧し、民営化に反対するほかの陣営に対する一種の「見せしめ」にしたことは、その後の行政改革や省庁再編、さらに1985年の労働者派遣法制定や2012年の同法の対象拡大など、日本における非正規雇用拡大を招いた一連の改革に対しても大きな効果を発揮した。

とくに2000年代にかけて小泉純一郎政権のもとで行われた郵政民営化は、全逓信《ていしん》労働組合（全逓）による往年の勢いがあれば、そう簡単にはできなかっただろう。

旧郵政省の郵便事業職員の労働組合であった全逓は、全盛期には国労、日教組と並んで総評の中核的存在であり、1960〜70年代には当局の進める経費削減に反対する「反合理化闘争」を牽引した。だが時代が下るにつれて徐々に労使協調路線に向かった全逓は小泉政権が推進する郵政民営化に対して有効な反対運動を展開できず、連合もまったく無力だった。

民営化後の日本郵政では、年賀状の販売ノルマをめぐる自爆営業やパワハラなどの問題が多発し、郵便局員の過労自殺も発生しているが、こうした過労死は連合傘下のほかの企業内組合でも起きている。それにもかかわらずこうした組合の多くは会社を批判するわけでもなく、むしろ組合幹部が、過労死した社員の「自己管理」失敗を組合報で批判するなど、労働組合の存在意義を疑わせる例さえ起きている。

1948年には55・8％あった日本の労働組合の組織率は、1980年頃に約30％へと低下し、2024年現在は16％を切る寸前といわれる。だが日本の労働運動が「労使協調路線」一色に塗り込められ、組合が労働者の権利を守るために戦わなくなってしまえば、それも必然と言わざるを得ないだろう。

冒頭で紹介した『AERA』のインタビューで中曽根は、記者から「結局あなたは、大きな意味で、日本の『左』をつぶした男ですよね？」と問われ、次のように答えている。

「そうですよ。私の標榜する新保守・自由主義っての は、そういうものです。日本だけじゃない。ソ連邦崩壊も、レーガンと私がウィリアムズバーグ・サミットで反共包囲網をつくったことから始まっていったんですから。社会主義、社会民主主義と戦って来たんです、一貫して」

中曽根の勝利は、40年後の日本をどのような国に変えたのか。今こそ検証されなければいけない。

（本文中敬称略）

▼「木原誠二・元官房副長官」妻の元夫〝怪死事件〟の闇

自民党政権に忖度し尽くす警察庁トップ「腐敗」の連鎖

2023年7月、『週刊文春』が報道した衝撃の〝怪死事件〟。関係者は「総理候補」と目される政権中枢の議員だった。再捜査を阻止する警察トップと自民党の「不適切な関係」――。

文＝別冊宝島編集部

1970年生まれ、東大法学部卒の木原氏

2023年7月上旬、政界を揺るがす一本の記事が世に放たれた。『週刊文春』（7月13日号）が「岸田最側近・木原誠二副長官〈衝撃音声〉『俺がいないと妻がすぐ連行される』」と題した記事を掲載。当時、自民党所属の衆議院議員で官房副長官の要職にあった木原誠二氏の妻・X子さんが元夫の死亡にまつわる事件に関与し、夫である木原氏が政治的権力をもって捜査に影響を及ぼしていた疑いを報じたのだ。

その後、週刊文春は2カ月以上にわたり告発キャンペーンを展開。一連の木原事件における報道がメスを入れたのは、警察組織の暗部ばかりではない。政権与党という国家権力が捜査当局に多大な権力を行使し続

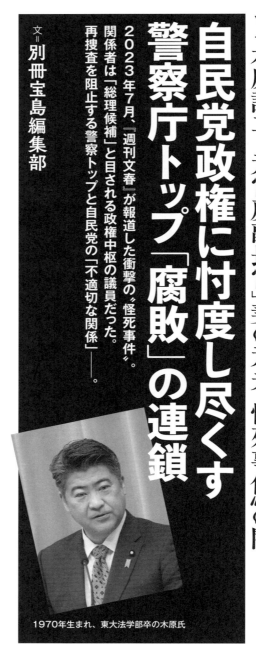

けてきたという「聖域」が炙《あぶ》り出されたのだ。

「殺しちゃった」——殺害を告白した妻

事件は、約18年前に遡《さかのぼ》る——。

雑誌モデルとして活躍していた安田種雄さん（享年28）とX子さんは結婚後、男の子と女の子の2人の子宝に恵まれた。事件が起こったのは、2006年4月10日未明のこと。安田さんの父が夫婦の住む一軒家を訪れたところ、2階の居間で仰向けに倒れている安田さんを発見したのだ。頭上から喉元に向かってナイフで刺されたとみられ、現場は血の海と化していた。死因は失血死。だが、安田さんの体内から覚せい剤の成分が検出されたことから錯乱状態による自殺と片付けられた。

それから12年後の2018年春、事件は急展開を迎える。事件現場を管轄する大塚署（東京都文京区）の刑事課に所属する女性刑事が過去の事案に関する捜査資料を捲《めく》っていたところ、安田さんの自殺事件に違和感を抱いたのだ。

捜査資料を分析し、自殺では不自然なナイフの血の付き方に着目。重要人物として浮上したのが、当時X子さんと不倫関係にあったとみられるY氏である。

女性刑事は警視庁捜査一課に報告し、協力を依頼。同課の捜査員らは、当時、覚せい剤事件を起こして収監されていたY氏の下を訪ねた。そのとき得られたY氏の供述により、事件は解決に向けて大きく舵《かじ》を切ることになる。

『週刊文春』によると、Y氏は次のように語ったという。

「あの時、X子から『殺しちゃった』と電話があったんだ。家に行ったら、種雄が血まみれで倒れていた。『どうしたんだ？』と聞いたらX子は『夫婦喧嘩になって夫が刃物を持ち出してきて、殺せるなら殺してみろと言われた。刃物を握らされたので切ってしまった』と告白された」

時を前後して、捜査当局は衝撃の事実を知ることになった——。

安田さんと死別後、X子さんはホステスとして勤務し、2人の子供を育ててきた。夜の蝶として生活を立て直そうとしていた彼女の前に、暁光《ぎょうこう》のように現れた一人の人物。東大を卒業後、財務省を経て、2005年9月に初当選を果たした木原氏である。

X子さんは、そんな木原氏に惚れ込み、2014年に未婚のまま女児を出産。翌年に二人は入籍を果たした。プライベートの充実に歩調を合わせるかのように、木原氏は権力の階段を駆け上がっていく。2015年10月に外務副大臣、2017年8月には政調会副会長兼事務局長に就任。再捜査がスタートした時、木原氏は権力中枢の頂を傍で見上げる立場にあった。

「取り調べを終わらせろ」

捜査一課がX子さんの実家の家宅捜索を行ったのは、2018年10月のこと。その後、警視庁本部で事情聴取を受けた彼女は事件への関与を否定し、「わからない」「記憶にない」と供述。その後、事件は有耶無耶《うやむや》なまま闇に葬られたというのだ。

『週刊文春』によると、当時取材に答えた捜査幹部は次のように語り、臍《ほぞ》を噛んだという。

「自民党議員の家族ということで捜査のハードルは上がり、より慎重になった」

2023年7月27日発売の『週刊文春』は「木原事件　妻の取調官〈捜査一課刑事〉実名告発18時間」と題し、当時X子さんを約10日にわたり聴取した警視庁捜査一課元警部補の佐藤誠氏による実名告発を掲載した。佐藤氏は、後日開いた記者会見で次のように語っている。

「断言しますけど、事件性ありですからね」

佐藤氏によって明かされたのは、木原氏が自らの権力を自覚し、それを自己目的に利用していた事実だった。『週刊文春』の取材に対し、佐藤氏は次のように語っている。

「当初から木原氏は『国会の召集日までに取り調べを終わらせろ』と捜査幹部に話していたと聞いている。『国会が始まれば、妻の取り調べの間、子供の面倒を見る人間がいない』というわけだ」

その結果、2018年10月下旬、捜査幹部による「明日ですべて終わりだ」というひと言で聴取は打ち切られたのだ。

佐藤氏は記者会見で次のように語っている。

「終わり方が異常だったんですよ。普通の終わり方じゃないんですよ。自然消滅したみたいな」

こうして再捜査は雲散霧消したのだ。

ある警察庁関係者が次のように疑問を呈す。

「一般人であれば、『いつまでに聴取を終わらせろ』という要求はできないでしょう。捜査機関を相手にして、そんな主張が通るわけがない。被疑者の立場でありながら、一方的に期限の要求をする発想自体が特権意識から来ている」

木原事件と警察庁幹部たち

突然の捜査終了の背景に何があったのか。

「この事件の結末に政治的判断が持ち込まれたことは間違いありません。実は2018年当時、この事件に深く関わった重要人物が2人います。彼らは、いずれも自民党と一心同体と言うべき者なのです」(同前)

そう打ち明けるのは、ある警察庁関係者である。そのうちの一人は、2018年9月に警察庁長官官房長に就任した中村格《いたる》氏。官房長は大臣官房のトップとして、人事、予算、国会業務などを担当するが、日々向き合うのは自民党を中心とする国会議員だ。

「当時の中村氏は、いわば〝前科〟を抱えていました」(同前)

2015年4月、TBS報道局政治部(当時)の記者・山口敬之氏がジャーナリスト・伊藤詩織さんに対して性的暴行を加える事件が発生した。事案の悪質性が認められ、高輪警察署は裁判所に逮捕状を請求。逮捕状発付を受けたが、執行直前で事件は思わぬ展開をたどる。山口氏の逮捕が取り止めとなったのだ。

「山口氏は、NHK政治部(当時)の岩田明子記者と双璧を成すほど、安倍晋三元首相の信頼を勝ち得ていたジャーナリストでした。同じく、中村氏は安倍さんの信頼が厚い、いわゆる〝アベ友〟。山口氏は、安倍さんと関係の深い警察庁出身の北村滋内閣情報官と連絡を取り、自らの刑事事件の処遇を相談していた。このように様々な忖度《そんたく》が働き、（山口氏の）逮捕状は北村氏の意を受けた中村氏によって握り潰されたのです」

のちに、中村氏は伊藤詩織さんの事件に関し、安倍政権による政治介入は否定したうえで「私が決裁した」と認めている。外形的に見れば、中村氏の言動は自らの人事権を握る政権与党に忖度した、あまりに恣意的な言動に終始しているのだ。

ところが、その論功行賞なのか中村氏は出世街道を突き進む。2020年1月、警察組織ナンバー2の警察庁次長に就任。翌年9月、ついにトップの警察庁長官の座を射止めている。

「警察庁長官の就任会見で、自身の指示で逮捕状の執行を見送ったとされることについて問われると『法と証拠に基づき、捜査を尽くした』と判を押したような回答に終止していました。これは事前に記者クラブの間で質問を練り、子飼いの記者に質問させたもの。したがって、ガス抜きとして用意していた回答を語ったにすぎない。何を聞かれても『法と証拠に基づいている』と突っぱねる論法だった」（社会部記者）

この「法と証拠に基づき」という〝詭弁〟は、後述するように2024年現在の警察庁長官である露木康浩氏に受け継がれることになる。

繰り返しになるが、木原事件の再捜査が行われた2018年当時、中村氏は警察庁長官官房長という重責にあり、自民党政治家と円満に向き合う立場にあった。

そして、木原事件に関与した、もう一人の人物は2018年当時の警察庁長官・栗生《くりゅう》俊一氏である。栗生氏の人物像について前出の社会部記者が解説する。

「良くも悪くも政権と近い、政治色を帯びた人物として知られていました。就任時には国会内で彼の不祥事に関する怪文書がばら撒かれたほど。この栗生氏と深い関係を結んだのが、木原氏だった。木原氏が栗生氏に対し、直接的に『捜査をやめてほしい』とお願いしたかどうか、それは定かではないが、警察トップが再捜査の中止決定を把握していないわけがない。このような政治案件の場合、栗生氏の決済がなければ、部下である警察庁刑事局長、警視庁刑事部長は一切の判断ができません」

事件の背景には、政権幹部の意向を汲んだ栗生氏らキャリア官僚の論理と、ひたむきに事件解決を目指す刑事部参事官や捜査一課長などノンキャリア組の軋轢が見て取れる。

2018年当時、再捜査の中止がどのような上意下達の意思決定で成されたのか、それはいまだベールに包まれている。だが、木原事件が報じられたあとから現在に至るまで、その構図はなんら変わっていないことは明白だ。

警察庁長官を動かし事件を隠蔽？

一連の『週刊文春』の記事では、興味深い内容が綴られている。2023年7月26日夜、重松弘教《ひろのり》刑事部長（当時、以下同）の執務室に集まったのは、刑事部のナンバー2である井ノ口徹参事官と國府田剛《こうだつよし》捜査一課長。それは、前出の佐藤氏の実名告発が「週刊文春電子版」で公開された日の夜だった。

露木警察庁長官が重松刑事部長に「火消しをしろ」と命じたことにより、急遽始まった三者会談では、捜査一課長を歴任した井ノ口参事官が口火を切った。

「自殺とする根拠がない。さすがにマズいだろう」

そう異を唱えたが、最後は唯一のキャリア官僚である重松部長が「自殺と考えて矛盾はない」とする意見を押し付け、再び重い蓋《ふた》が閉められた——。

前出の捜査関係者がその内幕を打ち明ける。

「問題は、なぜ露木長官が『火消しをしろ』と部下である重松部長に命じたのか。実は、ネット上でも盛り上がりを見せていた木原事件の〝早期解決〟を言い渡したのは、他でもない栗生俊一氏だといわれています。後輩である露木長官に、『あの件はよくない。木原さんが可哀想だ。どうにかしてやれ』と言えば、露木長官としても聞かないわけにはいかない」

当時、木原氏の盟友である栗生氏は木原氏と同じく官房副長官の任にあり、机を並べていた。事務方の官房副長官といえば、警察官僚のみならず、全官僚を掌握する官僚の中の官僚である。そのような立場の栗生氏が現職の警察庁長官に意見することは、いわば日常業務と言っても過言ではないだろう。

一方、栗生氏という後ろ盾を得た木原氏は『週刊文春』に対し、徹底抗戦を試みる。記事掲載後、木原氏の代理人弁護士は、司法記者クラブに「御通知」と題したA4用紙3枚の文書を送付。報道内容について〈史上稀《まれ》にみる人権侵害〉と批判し、〈速やかに文藝春秋社及び記事掲載にかかる関与者について刑事告訴〉を行うと宣言した。さらに〈法務省の人権擁護機関に対しても救済を求める〉という。

だが、法務省関係者は首を傾げて言うのだ。

「これこそ権力の濫用。官邸中枢である官房副長官の指示となれば、法務省は動かざるを得ないが、本来であれば、官房副長官という立場を辞したうえで行うべきでしょう」

木原氏を庇い続けた岸田首相

政治的影響力を自覚し、それを盾に警視庁や法務省に働きかける。こうした行為は、再捜査に際し、木原氏が取った行動に通じる部分がある。前出の佐藤氏は、のちに様々なメディアのインタビュー等で、次のようなシーンがあったことを明かしている。

2018年10月以降、X子さんは聴取を終えると警視庁本部からタクシーに乗り、自宅に帰宅する日々を送っていた。そんなある日、警視庁前で木原氏と落ち合い、夫婦が車内で言葉を交わすことがあった。佐藤氏の提案により、捜査員は車内のドライブレコーダーを回収。つぶさに分析すると、そこには驚くべき会話内容が収められていたのだ。

「俺が手を回しておいたから。逮捕はされないから心配すんな。これは絶対言っちゃ駄目だぞ」

そして、木原氏は「国会」というワードを頻繁に口にしたという。

「国会が始まれば捜査なんて終わるから、刑事の問いかけには黙っておけ！」

不審死事件に際し、妻を守るために己の権力を行使しようとしていたのだ。それは、報道に対して「法的措置」「刑事告訴」をチラつかせ、自らの政治的影響力を盾にして司法に働きかける行為と通じるものがある。

実は、こうした木原氏の態度は、自民党内からも異論が出ている。自民党の森山裕選挙対策委員長（当時）は政治部記者を集めた懇談会で次のように語ったという。

「印象が悪い。木原は早く代えたほうがいい」

「政治家にとっていちばん大事なのは、有権者にとって常識的であることだ」

自民党関係者が言う。

「木原氏の態度に疑問を抱いていたのは、森山さんだけではありません。再捜査の段階で二階俊博幹事長（当時）が家宅捜索の事実を知り、木原氏に『X子と別れろ』と進言していた。一度は妻の任意聴取を断った木原氏に対して、二階氏は『警察の取り調べにはちゃんと素直に応じろ』と言っていました。木原氏は二階氏の言うことに反対するわけにはいかなかった」

だが、一方で木原氏を擁護し、こうした言動をみすみす見逃してきた張本人がいる。

「木原が何かしたわけではないだろ。事件があった時には夫婦じゃなかったんだから」

そう周囲に吐露し、木原氏を庇い続けてきたのは岸田文雄首相（当時）にほかならない。再捜査から4年9カ月余を経て、木原氏は〝影の総理〟と呼ばれる存在に成り上がっていた。

事件報道後も党の重要ポスト

「二人は、まさに一心同体ですよ。総裁選の際に『岸田ノート』を考案したもの木原さんだし、岸田首相が掲げる『異次元の少子化対策』も彼の仕事。岸田政権発足直後から、あらゆる政策に口を出していました。政府高官が岸田首相に懸案事項を伝えると、必ず二言目には『これはちゃんと木原くんが見てくれているんだな？』と聞かれる。政策に関しては過度の木原依存ですよ。岸田内閣は、まさに影の木原内閣と言ってもよかった」（岸田氏に近い官僚）

重要政策はすべて木原氏の下を通過するという。木原氏は、岸田氏の側近として存在感を表しながら、一方で菅義偉《よしひで》元首相と昵懇の関係を築いてきた。

「昨年来、木原氏は菅氏とともに公明党の会合に立て続けに参加していました。岸田首相から『関係が悪化した公明党との関係改善に努めてほしい』とミッションを与えられ、木原氏が学会幹部とパイプのある菅氏を巻き込んだ形です。その学会幹部とは、公明党・創価学会の選挙実務の事実上の仕切り役と言われる佐藤浩副会長。木原氏は政策をこなしながら、こうした党内の業務を淡々と行ってきたのです」（前出・自民党関係者）

旧宏池会（旧岸田派）のエースと称される木原氏は「林芳正氏の次の総裁候補」（旧宏池会関係者）と目されてきた。そんな矢先に降りかかった火の粉が木原事件だったのだ。一連の報道は、岸田政権にどのような変化をもたらしたのか。

「多大な影響がありました」と明かすのは、ある外務省関係者だ。岸田首相は2023年7月16日から2日間、中東を訪問。当初、木原氏が同行する予定だったが、その直前、官房副長官の磯崎仁彦《よしひこ》氏に差し替わったのだ。

「直前に同行者が交代になるというのは異例の事態です。相手国には『岸田の最側近がなぜ来ないんだ』という無用な憶測を呼んだ面はあると思います。訪問したサウジアラビアはセキュリティが厳しく、同行者の差し替えには事務的な負担が発生するでしょう」（同前）

その後、木原氏は次第に表舞台から姿を消していった。2023年2月から官房副長官と内閣総理大臣補佐官を兼務していたが、同年9月、第二次岸田改造内閣発足に伴い、2つの役職を辞任。岸田は慰留したものの、一連の報道を重く見て固辞したという。だが、岸田氏が次に用意したポストは自民党幹事長代理兼政務調査会長特別補佐というものだった。

「岸田氏としては、精神安定剤のような存在の木原氏をどうしても傍に置いておきたい。そのため、党務をやってもらうという建付けにしてポストを与えたのです」（前出・自民党関係者）

木原氏の表立っての権勢は影を潜めたが、依存度はむしろ高まったと見る向きがあった。一方、栗生氏は官房副長官を留任された。そして、その動きと足並みを揃えるかのように、捜査当局は不気味に動き始めていた――。

『週刊文春』編集部への強制捜査を検討か

前出の警察庁関係者が絶対匿名を条件に打ち明ける。

「栗生氏の意向を受けた露木長官ら警察上層部は、佐藤氏の地方公務員法違反での立件に向け、着手していました。地方公務員法の職務上、知り得た秘密を第三者にみだりに明かすことを禁じた情報漏洩の罪です。佐藤氏は記者会見を行い、それが紙面にも掲載されているため、証拠は揃っていた」

実際、佐藤氏は数カ月にわたり警視庁捜査二課が尾行し、行動確認を続けてきた。

「これは、ほとんど嫌がらせに近い。わかりやすい尾行を付けることで『これ以上、余計なことを言うな』と、暗にメッセージを送っていた。そして、佐藤氏が文春側から何か見返りを受けていないか、経済状況を含め調べ上げていましたね。それに対し、佐藤氏が怯《ひる》むことはなかった。結局は国民感情を考慮して立件は見送られました。あの時、もし立件していれば、国家権力による口封じと批判されることは目に見えていた」（同前）

実は、もう一つ捜査当局が模索していたのは『週刊文春』編集部への強制捜査だったという。いったいどういうことなのか。

「地方公務員法違反の容疑がかかっている佐藤氏に関する犯人隠避・蔵匿《ぞうとく》の疑いです。蔵匿とは、捜査機関による発見、逮捕を免《まぬが》れさせるような隠匿場所を提供すること。隠避とは、経済的援助をするなど、蔵匿以外の方法によって発見、逮捕を免れさせること。ですが、佐藤氏の口座に文春側からの入金は確認されなかった。また、佐藤氏の関係先として編集部にガサ入れをすることも検討されたが、報道機関に踏み入るなんていうことがあれば、前代未聞の言論弾圧と捉えられかねない。国家権力の濫用というほかないでしょう」(同前)

木原氏―自民党という政治的権力に忖度した末に、捜査当局は先の先まで見据えていたのだ。警察庁のキャリア官僚の思惑に対し、良識ある捜査一課の刑事たちは「本筋の捜査はどうするんだ」と気を揉んでいたという。

警視庁は「事件性は認められない」

一連の報道後、安田さんの遺族は「容疑者不詳」で大塚署に殺人の疑いで刑事告訴状を提出。２０２３年10月25日に受理された。それに対し、警視庁の方針は遺族にとって無慈悲とも思えるものだった。同年12月15日、警視庁は「事件性は認められない」とする捜査結果を東京地検に送付した。２カ月弱の間、遺族は一度も聴取されていない。Y氏はもちろん、X子さんの聴取も行わずに判を押したような結論を下したのだ。

「報道後、露木長官は記者会見で『適正に捜査、調査が行われた結果、証拠上、事件性が認められないと警視庁が明らかにしている』という見解を口にし、捜査の終了を強調してきた。組織のトップとしての発言は重く、天と地がひっくり返っても覆《くつがえ》らない。そのため、わずか50日余で警視庁は地検に〝紙送り〟し、地検に放り投げたのです」(前出・警察庁関係者)

これには後日談がある。

「『書類送付』のニュースを真っ先に報じたのは、捜査当局と関係が深い『読売新聞』だった。読売は「捜査結果は同日、遺族に伝えられた」と報じ、遺族の了解があったような書きぶりだったが、遺族は何の説明も受けていなかった。後日、読売は遺族からの指摘を受け、「警視庁から東京地検への書類送付の事実は伝えられていましたが、事件性が認められないとする捜査結果は伝わっていませんでした。確認が不十分でした」

と訂正を掲載するに至っている。

「捜査当局からのリークによって『事件性は認められない』というプロパガンダに利用された挙げ句、当事者である遺族に一切取材をせず、事実確認を怠っていたわけです。あまりにお粗末と言わざるを得ない」（前出・社会部記者）

刑事告訴から約1年が経とうとしている今、捜査の進捗状況は見えてこない。2024年3月5日、佐藤氏は東京地検に陳述書を提出しているが、いまだ聴取の呼び出しはないという。

■

東京・赤坂。岸田氏が首相として最後の晩餐《ばんさん》を行ったのは、自民党総裁選直後の2024年9月27日夜のことだ。岸田氏の隣に張り付き、柔和な笑顔を浮かべていたのは木原氏だった。メンバーは、村井英樹官房副長官、辻清人外務副大臣、小林史明衆議院議員ら、総裁選で小泉進次郎元環境相を支援した議員である。

岸田氏の隣に控え、まるでSPのように周囲を睥睨《へいげい》していたのは、ほかでもない木原氏だった。権力の中枢に身を置き、影の総理として政治的影響力を行使する一方、事件に対しては一切の言及を避け続けている。

「目下、長年権力の頂点に君臨してきた栗生氏の退任が決定し、次の警察庁人事では露木氏の勇退が既定路線です。事件の足枷がなくなれば、少しずつ事態が動くことも有り得るでしょう」（前出・警察庁関係者）

石破政権の下、事件の真相解明が待たれる。

▼〝ハト派〟岸田前首相が「防衛費増額」を即決

角栄、中川親子、橋龍の悲惨末期「アメリカには逆らうな」の深層

アメリカには逆らうな――。日本の政界、とくに自民党では現在でもこれが最大の〝タブー〟であり、絶対の不文律となっているという。米追従からの脱却を政策に掲げる石破茂首相は、そのポリシーを貫けるのか。

文＝西本頑司｜フリーライター

米国債売却を明言した橋本龍太郎

2024年10月1日、石破茂が第102代内閣総理大臣に就任した。自民党内における石破の立ち位置やキャリアから考えれば、石破の総理就任は異例と言っていいが、一方で国民の石破に対する期待感は小さい。当然だろう。もはや誰が総理になろうが、どうせ国民よりアメリカの国益を優先する「属国総理」にすぎないと諦めているからである。

その事実を突き付けたのが、2022年8月に発足した岸田文雄内閣だ。岸田は党内きっての穏健派で知られ、安倍晋三元首相の敷いてきた「対米追従路線」にうんざりしていた国民の期待は大きかった。

その岸田政権が何をしたのか。

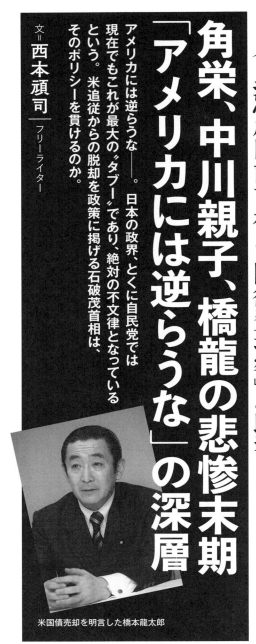

アメリカの要請、いや命令されるまま、自衛隊を米軍の指揮下に組み込み一体化させる「安保三文書」を閣議決定。インフレや電気代の高騰で庶民の生活が困窮するなか防衛費を倍増し、財源の不足分を平然と増税の形で国民に押し付けた。その意味でいえば、歴代自民党政権のなかでも最大級の〝軍国主義〟の政権であり、対米追従路線で言えば安倍政権より、ひどかったぐらいだろう。

この実情を目《ま》の当たりにすれば、「日本の総理大臣とはアメリカの国益のために日本の富を差し出す仕事」と思うしかなくなる。国民よりアメリカの機嫌を伺《うかが》うだけの〝アメリカの忠犬〟とすらいえよう。岸田政権の基本路線を継ぐと公言している石破への期待が低いのも、当然と言わざるを得ない。

親会社（米国）と子会社（日本）という関係

なぜ、ここまで日本の総理大臣はアメリカを恐れるのか。それはアメリカに逆らい、歯向かうと〝消される〟からである。

不審死や突然死、あるいは〝暗殺〟で生命を奪われるというだけではない。総理大臣にまで上り詰めるような政治家は、多かれ少なかれ自分の手で日本をよくしたいという政治理念を持っている。その理念や実績が、アメリカに逆らうとすべて泥に塗《まみ》れて全否定されていく。それも「国民」や「有権者」によって。人生を賭けて捧げた〝政治生命〟を奪い尽くされてしまうのだ。

逆にアメリカの命令に忠実であればあるほど、政権は安定し、退陣後の政治家生命も安泰となる。対米追従路線へと変節した岸田文雄は、今後も党内での影響力を保ち、重鎮として君臨すると予想される。

この露骨なアメとムチで、戦後から現在まで、日本の総理大臣は、アメリカに調教されてきた。いかにすさまじい〝しつけ〟ぶりなのかを説明していきたい。

１９４５年８月14日のポツダム宣言受諾から１９６０年半ばの戦後復興期は、ごく当たり前に〝アメリカの意向〟で総理大臣はすげ替えられてきた。

たとえば、日ソ共同宣言に調印（1956年10月）してアメリカを怒らせた鳩山一郎は、調印からわずか2カ月後、病気を理由に失脚する。鳩山を継いで総理に就任した石橋湛山は親中派であり、反共を掲げるアメリカから疑いの目を向けられ、表向きの理由は病気だったが、2カ月あまりで総理を辞職した（1957年2月）。

1960年半ばまでの日本とアメリカの関係は、破綻した企業と吸収合併して手厚い支援を行う親会社に近かった。米ソ冷戦の最前線でありながら日本の軍事費はGDP1％内に据え置かれ、在日米軍基地という負担はあれど、米軍の軍事力で日本の平和は守られてきた。

また戦後復興として、アメリカは格安で当時の最新技術を気前よく提供し、日本製品を受け入れて外貨獲得に協力。石油や資源もぼったくることなく適正価格で日本に与えてきた。ここまでアメリカが支援してきたからこそ、日本は戦後、〝奇跡〟と呼ばれる復興を果たせたのだ。

にもかかわらず、政治家としてアメリカに歯向かい、アメリカの方針に異を唱えれば、それが日本の国益になることだろうが、当然、切り捨てられる。立場が圧倒的に弱かったのだ。

問題は高度成長を経て世界第2位の経済大国となり、〝親会社アメリカ〟の支援がなくとも自立・独立をできる力を持った1970年代以降だ。先の吸収合併のたとえでいえば、支援してきた親会社（アメリカ）にすれば、ようやく黒字となった子会社（日本）から、今までの支援分のみならず、今後、見込まれる利益をいかに効率よく回収するか、となる。

一方、戦争によって一方的に吸収合併で子会社にされた日本にすれば、それまでの支援には感謝しても、今後は独立し、それで稼いだ利益はできるだけ社員（国民）に還元したいと考える。

この認識の差が、現在にまで至る〝アメリカに容赦なく消される〟総理大臣を生み出すことになっていく。

ここで重要なのは、経済大国となり、軍事力も西側では有数、先進国のサミットG7のメンバーとして相応に国際的な影響力を高めた日本のトップを、かつてのように「気に入らない」というだけで気軽に首をすげ替えることはできなくなった点だろう。

〝田中角栄的な存在〟は許さない

いかにスムーズにすげ替えるか。そのために数々の「陰謀」が発動する。その代表例が田中角栄を潰したロッキード事件（1976年）だった。

角栄は、憲政史上最高の〝内政政治家〟と言える。貧困層に仕事を与えて全国まんべんなくインフラを整備し、〝豊かな生活〟を日本人に与える。これを政治理念としてきた政治家であり、〝1億総中流〟こそ田中政治の真骨頂だろう。

歴代内閣で要職を歴任、最大派閥を率いた角栄は、1972年、満を持して総理に就任するや、内政家ではなく〝外交家〟として日本独自の外交政策を打ち出した。日中国交正常化（1972年9月）、さらに第一次オイルショック（1973年）では、イスラエルではなく「親アラブ路線」で独自の石油確保へと動いた。

しかも、これらの動きはアメリカに相談なく行っていた。何より角栄は政界最大派閥を率い、選挙にめっぽう強く、〝今太閤〟として国民人気も高かった。

つまり、角栄はアメリカの枠組みを無視した〝独自路線〟をやり切るだけの力を持っていた。この圧倒的な政治力が、アメリカの逆鱗に触れたのだ。

戦後最強の日本の政治家である田中角栄をどうやって潰すのか。それがロッキード事件となる。

現在では世界最大の軍需企業となったロッキード・マーティンだが、この時代、冷戦下の軍需の冷え込みで経営破綻の危機に喘ぎ、民需への転換を図っていた。それがジェット旅客機「トライスター」となる。トライスター機はライバル機より性能が劣り、またロッキードは航空会社などのツテもなかったが、トライスターの売り込みに失敗すれば確実に会社は破たんする。となれば、当然、売り込みは各国の政治家や有力者に「賄賂」をばら撒くしかない。日本だけでなく世界中で賄賂をばら撒いていたのだ。

アメリカは〝角栄潰し〟のために、ロッキードの賄賂の実態を表沙汰にした。このスキャンダルで社運をかけたトライスターの売り込みは大失敗に終わり、本来なら破たんするところだ。しかしなぜか事件以降、米政府はロッキードの軍用機を大量発注し、さらにロッキード自身は経営難の軍需メーカーを次々と買収し、世界最大の軍需企業となる。米政府と何らかの「密約」があったとみるべきだろう。

　いずれにせよ、賄賂を渡した側が「渡した」と暴露するのだ。一種の自爆テロのようなもので、やられた側は防ぎようがない。結果、東京地検特捜部に逮捕された角栄は自民党を離脱するが、それでも「キングメーカー」として君臨する。これが、さらなる逆鱗に触れて〝追い打ち〟へとつながった。

　1985年2月7日、鉄の結束を誇った田中派が分裂、竹下登率いる創政会の誕生により、角栄という稀代の英傑の政治家生命はここで断たれた。

　よほどショックだったのだろう。20日後、脳梗塞を発症し、麻痺の後遺症で政治活動そのものが不可能となる。そんな失意のなか、1993年12月16日、75歳で死去。被告死亡でロッキード事件の有罪が確定し、総理大臣経験者に追贈される叙勲も取り消しとなった。

　ロッキード事件以降、角栄の「政治」は金権政治と揶揄《やゆ》され、「悪しき自民党政治」のシンボルと近年まで蔑みの対象となってきた。政治実績、政治理念、政治手法、すべてが否定され続けた。アメリカは〝田中角栄的な存在〟は決して許さないと、日本の政界に見せつけたのである。

北海道を売り渡すソ連の犬

田中角栄の政治生命を断った竹下登の裏切りの背景には、もう一人、アメリカの虎の尾を踏んで〝殺さた〟自民党有力政治家の存在があった。

　中川一郎である。北海道を地盤とした中川は、この時代では異例ともいうべきゴリゴリのタカ派で知られていた。憲法改正は言うに及ばず、北方領土は「戦争で奪われたものは、戦争で奪い返すしかない」と、徹底した反ソ（ソ連）・反共（共産主義）の国粋政治家だった。

中川一郎は、1982年10月の自民党総裁選の「強硬出馬」事件で世間の注目を集める。当時、中川は小派閥（13人）の領袖だったが、本来なら有力総裁候補に票を回し、大臣ポストの一つでも獲得するのが常識だろう。それをあえて他派閥から人を借りてまで推薦枠（50人）をかき集め、自民党ニューリーダーの一人であると政界のみならず、世間に強くアピールした。

この行動の裏側には、「米軍の北海道切り捨て戦略」の暴露があったのではないか、と考えられている。

冷戦時代、アジア方面における有事の最前線の一つが北海道だった。サハリンと北方領土、そしてソ連極東軍の根拠地ウラジオストクからソ連軍が北海道へ一気に流れ込むというのは、この時代、決して絵空事ではなかった。

自衛隊も北海道方面に重点配備されていたが、先制攻撃を封じられている自衛隊の北海道部隊の大半は、ソ連の先制攻撃で開戦直後に壊滅すると予想されていた。この北海道部隊が囮《おとり》となって道民避難の時間を稼ぎ、東北方面に自衛隊残存兵力を結集させ、ソ連占領下の北海道へ逆侵攻して押し返すのが、冷戦時代の対ソ連国防プランだったといわれている。

つまり米軍は、最終局面となるソ連上陸部隊の撤退寸前まで「武器弾薬兵器などの支援」以外、直接、戦闘はしないのではないか、という疑念が強かったのだ。

この「北海道切り捨て戦術」で、たとえ日本が勝利しようが、戦場となる北海道の大地は荒れ果て、道民の被害は甚大なものとなる。これを防ぐには、北海道に「在日米軍基地」を置くしかない。米軍基地があればソ連侵攻の抑止力になるからである。では、なぜ日本中に基地をつくりながら〝最前線〟の北海道にはつくらないのか。それはアメリカが北海道など切り捨てても構わないと考えていたからとされる。

総裁選出馬で自民党のニューリーダーとして影響力を高めた中川が、もし、そう主張すれば日米安保や米軍基地問題と合わせて、大きな争点になったはずだ。その争点を無視できなくするためにニューリーダーの

「北海のヒグマ」と異名された中川一郎。自民党総裁選後に“怪死”

地位を求めていたとすれば、強硬出馬という異常な行動にも説明がつく。

少なくともアメリカはそう考えたのだろう。総裁選出馬後、中川には「ソ連のスパイ」という疑惑が政界に蔓延する。とくに１９８３年１月初頭、首相の名代として中川がアメリカを表敬訪問した際、米政府は「スパイの疑惑がある」とペルソナ・ノン・グラータを発動して入国を拒否。これで中川のスパイ疑惑は確定する。

要するに〝北海道を売り渡すソ連の犬〟という扱いとなり、中川が生涯をかけた「北海道を守る」政治理念と政治実績は灰燼《かいじん》に帰してしまうのだ。

失意のなか中川は、同年１月９日、北海道のホテル内で不審死。同時に「スパイと発覚してＫＧＢの手で始末された」「ソ連のスパイとしてＣＩＡが暗殺した」と大手メディアが報じ、最後まで〝さらし首〟のごとく扱われた。

田中角栄、そして中川一郎。アメリカの逆鱗に触れた二人の政治家がどうなったのかをみれば、竹下登らが〝泥舟〟の田中角栄から逃げ出すとアメリカは計算していたのだ。大恩人の政治生命を愛弟子たちの手を使ってとどめを刺す――。この悪辣《あくらつ》な謀略を見せつけられて以降、「対米追従」が自民党政権のデフォルトスタンダードとなったのは無理もないだろう。

ちなみに日本の富の大量流出を招いたバブル経済と、崩壊後の「失われた30年」は、竹下登が角栄を裏切った１９８５年のプラザ合意に始まる。この合意に調印したのは、当時、中曽根康弘政権において大蔵大臣だった竹下登であった。

米国債売却は政治家にとって〝自殺行為〟

１９９０年以降、表立ってアメリカに逆らう大物政治家や総理大臣はいなくなったが、その例外の一人が〝アメリカに父親を殺された〟中川昭一となる。

２００９年2月14日、リーマン・ショックの対応のために緊急招集されたＧ７の財務大臣・中央銀行総裁会議（イタリア・ローマ）で、財務大臣兼金融担当相として招かれた中川昭一は、世界に向けたプレス発表の場で、あろうことか酩酊状態で呂律《ろれつ》も回らないまま記者会見を行い、「日本の恥」と猛烈なバッシングを浴びる。

記者会見前の昼食時に飲んだというグラスワインにアルコールとの同時摂取で酩酊状態になるクスリが盛られたのは間違いないとされ、同行していた日本の大手テレビ局の記者の犯行ではないか、と囁《ささや》かれている。

事実、薬を盛ったとされるテレビ局は、この酩酊会見後、朝から晩まで「中川昭一の醜態」を面白おかしく小馬鹿に編集した映像を垂れ流している。

中川昭一がアメリカの虎の尾を踏んだのは「米国債の合法的な売却」を仕掛けたから、という説が根強い。

日本は外貨準備として米国債を１００兆円レベルで溜め込む世界最大の保有国。この日本が保有する米国債だが、実は日本政府が勝手に売却できなくなっている。使い道のない〝死に金〟なのだ。

そこで元銀行マンとしてキャリアを積んだ党内きっての金融通で知られた中川昭一は、この〝死に金〟の活用法を思いつく。先のG7財務会議でリーマン・ショック対策として中川昭一には、日本が保有する10兆円（1000億ドル・当時）分の米国債をIMF（世界通貨基金）に供出して、その際、IMFによるSDR（特別引出権）を付与するプランがあったという。簡単に説明すれば、10兆円分の米国債をSDRで債権化（金融商品化）、実質的に保有米国債を売却できるシステムをつくろうとしたのである。

これでアメリカの逆鱗に触れた中川昭一は、酩酊会見という醜態を晒され、これまで積み上げてきた政治キャリアのすべてが否定される。半年後の2009年8月の総選挙では、父親から続く「鉄板地盤」でまさかの落選。すさまじい失意と絶望のなか、同年10月3日、自宅で突然死する（表向きは心筋梗塞）。享年56。アメリカに〝殺された〟父・一郎より1年ほど短命だった。

このように、米国債売却は、日本の政治家にとって〝自殺行為〟そのものと言っていい。それを如実に体現した政治家が、1997年、当時の総理大臣、橋本龍太郎だった。

訪米時に、日本の国益のためには膨大な米国債を外貨準備として保有するより、市場で売却して資金調達したいという内容の発言をする。これは阪神・淡路大震災（1995年）の復興費用の捻出を念頭に置いていたが、バブル崩壊の余波で日本の金融機関が資金調達に喘ぐなか、米系ハゲタカファンドが日本国内で有力資産を買い叩いていることへの牽制の意味もあった。

さらに普天間基地移転問題で、米政府が基地代替場所の建設費用を日本政府に出させようとしていたことへの反発も含んでいたとされる。

このようなアメリカの日本に対する仕打ちに対し、橋本はよほど腹立たしかったのだろう、思わず米国債売却という本音がこぼれたようだ。

こうして虎の尾を踏み抜いた橋本は、師の田中角栄同様に悲惨な晩年を迎える。2004年、日歯連闇献金疑惑が噴出し、事実上の政界引退となる。そして、再起を図っていた2006年6月4日、「謎の腸炎」の悪化で死去。噂によれば内臓全体が「腐り果てていた」とされる。

中川昭一も米国債売却が何を意味するのか、橋本の末路で思い知っていただろう。しかし父親の無惨な最期を見て、なんとしてでも一矢を報いたいと思ったのか、リーマン・ショックを理由に米国債売却という禁じ手を使ってまで報復をしようとした。

その結果、父親以上の悲惨な末路となった。アメリカは〝逆らえば〟ここまでするのだ。

56歳で突然死した中川昭一

米政権にとって不都合な存在だった安倍

21世紀以降、アメリカは日本の富を搾取《さくしゅ》し続け、2006年の橋本龍太郎、2009年の中川昭一と、歯向かえば情け容赦なく悲惨な末路を辿《たど》らせるという〝見せしめ〟を繰り返してきた。

その意味で2022年7月8日、公衆の面前で〝暗殺〟となった安倍晋三もまた、「アメリカに殺された政治家」という可能性は否定できない。

その証拠に、暗殺前まで安倍晋三は党内最大のキングメーカーであり、多大な影響力を誇っていたが、暗殺直後から評価が一変。旧統一教会との関係が表沙汰となり、歴代最長の総理大臣という輝ける実績は全否定されていく。しかも「裏金問題」では、安倍派が狙い撃ちとなり、事実上、解体となった。この一連の流れは、ここまで紹介した「アメリカに殺された政治家」のパターンと見事に一致する。

安倍政権時代、対米追従路線を堅持し、アメリカの忠実な「犬」として振る舞ってきた安倍が、どうして逆鱗に触れたのか。

安倍は、ドナルド・トランプとウラジーミル・プーチンとファーストネームで呼び合える西側唯一の首脳だった。ロシアによるウクライナ侵攻（2022年2月）を〝長引かせたい〟バイデン政権にとって、トランプと同様に戦争の早期終結のキーマンとなる可能性のある安倍は、邪魔な存在だったとされる。

また、安倍元首相銃撃事件の時期、バイデン政権の支持率は低迷し、2024年の米大統領選でトランプが勝利する可能性が高まっており、〝安倍暗殺〟という強行手段でトランプを牽制したともされる。

事実、2024年にトランプは3度の暗殺未遂を経験し、死に至る可能性は高かった。このように、アメリカの時の政権にとって不都合な存在であるだけで、日本の政治家が〝消される〟可能性もあるのだ。

アメリカには逆らうな――。日本の政界、とくに自民党では、現在でも、これが最大の〝タブー〟であり、絶対の不文律となっている。残念ながら、対米追従からの脱却を政策に掲げる石破茂が、変節してしまう日も、そう遠くはないだろう。

（本文中敬称略）

著者紹介

（五十音順）

小川寛大｜おがわ・かんだい

1979年、熊本県生まれ。早稲田大学政治経済学部卒業。宗教業界紙『中外日報』記者を経て、2014年に宗教専門誌『宗教問題』編集委員、15年に同編集長。著書に『南北戦争英雄伝　分断のアメリカを戦った男たち』（中央公論新社）、『池田大作と創価学会　カリスマ亡き後の巨大宗教のゆくえ』（文春新書）など。

河野嘉誠｜かわの・よしのぶ

1991年生まれ。早稲田大学政治経済学部卒業。『サンデー毎日』記者を経て『週刊文春』記者。2023年には岸田政権の政務三役の連続辞任をスクープ。

窪田順生｜くぼた・まさき

ノンフィクションライター。テレビ番組制作、週刊誌記者、新聞記者、雑誌編集者などを経てフリーで活動。週刊誌やWebニュースなどに寄稿する傍らで、メディア経験を活かして報道対策アドバイザーとして企業・団体の危機管理にも携わる。近著に『潜入 旧統一教会「解散命令請求」取材NG最深部の全貌』（徳間書店）。

坂田拓也｜さかた・たくや

『週刊文春』記者を経てフリー。著書に『国税OBだけが知っている失敗しない相続』（文春新書）、取材・構成に『日本人の給料』（宝島社新書）など。

鈴木エイト｜すずき・えいと

ジャーナリスト・作家。日本大学卒業。日本ペンクラブ会員。日本脱カルト協会理事。『やや日刊カルト新聞』主筆。著書に『「山上徹也」とは何者だったのか』（講談社＋α新書）、『自民党の統一教会汚染 追跡3000日』『自民党の統一教会汚染2 山上徹也からの伝言』（ともに小学館）。編著、共著多数。

鈴木宣弘｜すずき・のぶひろ

東京大学大学院特任教授。東京大学農学部卒業後、農林水産省、九州大学大学院教授、東京大学大学院教授を経て現職。一般財団法人食料安全保障推進財団理事長。日本の食料安全保障問題の第一人者として食料危機への対応を訴え続ける。著書に『世界で最初に飢えるのは日本』（講談社＋α新書）、『国民は知らない「食料危機」と「財務省」の不適切な関係』（森永卓郎氏との共著、講談社＋α新書）、『マンガでわかる 日本の食の危機』（方丈社）など多数。

西本頑司｜にしもと・がんじ

1968年、広島県生まれ。下関市立大学卒業後、週刊誌記者に。その後、月刊誌『噂の眞相』の記者を経てフリーライター。現在は書籍、雑誌を中心に活動。著書に『栄光なき挑戦者たち』（ベストセラーズ）、『コイツらのゼニ儲け アコギで、エグくて、ときどき怖い』（西田健名義／秀和システム）など。

古川琢也｜ふるかわ・たくや

長野県長野市出身のルポライター。労働問題を中心に企業の不祥事を取材。著書に『セブン-イレブンの正体』（金曜日）、『ブラック企業完全対策マニュアル』（晋遊舎）。2012年から19年まで、「ブラック企業大賞」実行委員。

古谷経衡｜ふるや・つねひら

1982年、札幌市生まれ。立命館大学文学部卒業。保守雑誌『JAPANISM』編集長などを経て、一般社団法人令和政治社会問題研究所所長。一般社団法人日本ペンクラブ正会員。ネット右翼、若者論、歴史、サブカルチャーなど幅広いテーマで評論活動。主著に『敗軍の名将』（幻冬舎）、『シニア右翼』（中央公論新社）、『左翼も右翼もウソばかり』『日本を蝕む「極論」の正体』（ともに新潮社）、『「意識高い系」の研究』（文春新書）、『ヒトラーはなぜ猫が嫌いだったのか』（コアマガジン）、『日本型リア充の研究』（自由国民社）、長編小説に『愛国商売』（小学館）など。

溝上憲文｜みぞうえ・のりふみ

1958年、鹿児島県生まれ。明治大学政治経済学部卒業。月刊誌、週刊誌記者などを経て、独立。新聞、雑誌などで人事、雇用、賃金、年金問題を中心に執筆。日本労働ペンクラブ会員。『非情の常時リストラ』（文春新書）で2013年度日本労働ペンクラブ賞受賞。主な著書に『人事部はここを見ている!』『人事評価の裏ルール』（ともにプレジデント社）など。

矢野昌弘｜やの・まさひろ

1974年生まれ。福岡県出まれ。2000年に赤旗入局。08年から社会部で調査報道担当。原発を巡る九州電力と北海道電力の世論偽装工作を暴いた「やらせ」報道、防衛省ヘリ談合、笹子トンネル事故などのスクープ記事を執筆。内閣官房機密費をめぐる菅義偉首相の政治手法を取材した映画『パンケーキを毒見する』に出演。最近では、自衛隊幹部らの靖國神社集団参拝をスクープ。24年から社会部副部長。

吉田敏浩｜よしだ・としひろ

1957年、大分県生まれ。ジャーナリスト。著書に『「日米合同委員会」の研究　謎の権力構造の正体に迫る』（創元社）、『追跡！ 謎の日米合同委員会　別のかたちで継続された「占領政策」』、『昭和史からの警鐘　松本清張と半藤一利が残したメッセージ』（ともに毎日新聞出版）、『密約・日米地位協定と米兵犯罪』（毎日新聞社）、『横田空域　日米合同委員会でつくられた空の壁』（角川新書）、『日米戦争同盟　従米構造の真実と「日米合同委員会」』（河出書房新社）、『日米安保と砂川判決の黒い霧　最高裁長官の情報漏洩を訴える国賠訴訟』（彩流社）など多数。

自民党の正体
亡国と欺瞞の伏魔殿

2024年12月6日　第1刷発行

著　者　鈴木エイト 古谷経衡 小川寛大 窪田順生 ほか

発行人　関川 誠

発行所　株式会社 宝島社
〒102－8388 東京都千代田区一番町25番地
電話（営業）03－3234－4621
（編集）03－3239－0927
https://tkj.jp

印刷・製本　サンケイ総合印刷株式会社

ISBN 978-4-299-06182-9